Crash Kurs Krise

Kritische Einführungen 2

Über den Autor und die Autorin:

Stephan Kaufmann, Jahrgang 1965, studierte Wirtschaftswissenschaften in Berlin und Paris. Seit fast 20 Jahren arbeitet er als Wirtschaftsredakteur für verschiedene Tageszeitungen, unter anderem für die *Berliner Zeitung* und die *Frankfurter Rundschau*.

Antonella Muzzupappa, Jahrgang 1978, studierte Philosophie in Neapel. Seit 2011 ist sie Referentin für Politische Ökonomie bei der Rosa-Luxemburg-Stiftung.

Stephan Kaufmann / Antonella Muzzupappa

Crash Kurs Krise

Wie die Finanzmärkte funktionieren

Eine kritische Einführung

BERTZ + FISCHER

Bibliografische Information der Deutschen National-
bibliothek: Die Deutsche Nationalbibliothek
verzeichnet diese Publikation in der Deutschen
Nationalbibliografie; detaillierte bibliografische Daten
sind im Internet über http://dnb.dnb.de abrufbar.

Umschlag: D.B. Berlin

Dritte, durchgesehene Auflage

Wrangelstr. 67, 10997 Berlin
Printed in Poland
ISBN 978-3-86505-756-3

Inhalt

Vorwort

Bevor das Virus Sars-CoV-2 die Nachrichten der Welt beherrschte und auch die Wirtschaftsteile der Zeitungen füllte, stritten sich die Ökonomen darüber, wann und woher die nächste Finanzkrise wohl kommen würde. Anfang 2020 häuften sich die Prognosen: Ende des Jahres, sagten die einen. Schon im Herbst, entgegneten die anderen. Eine dritte Gruppe sah die Krise erst 2021 kommen. Zahlreiche Bücher sind schon geschrieben worden. Einige liegen gedruckt vor, zum Beispiel *Der größte Crash aller Zeiten* von Matthias Weik und Marc Friedrich oder *Weltsystemcrash* von Max Otte. Einige andere werden unveröffentlichte Manuskripte bleiben. So ist es mit Wirtschaftsprognosen: Sie sind nur kurz aktuell, nur solange, bis die Realität sie überholt.

So unterschiedlich die Prognosen zum Termin waren, so einig waren sich die Ökonomen darin, dass eine neue Krise kommen würde und dass man auf sie vorbereitet sein müsse. Unbefriedigend fanden wir bei der Sichtung der Prognosen allerdings die Begründungen, warum die Welt bald wieder im Krisenmodus fahren werde: Von einer »explodierenden Staatsverschuldung« war da die Rede, von wachsender Ungleichheit, von »Vermögenspreisblasen«, einer drohenden Hyperinflation und von einer »Geldschwemme«, mit der die Zentralbanken »Zombie-Unternehmen« künstlich am Leben hielten.

Gestört hat uns an diesen Erklärungen unter anderem, dass sie mit Quantitäten operieren: zu viele Kredite seien vergeben worden, hieß es, oder zu wenige, die Zinsen seien zu niedrig und könnten zu hoch steigen, die Wertpapierkurse wurden als zu hoch gekennzeichnet und die Finanzmärkte als zu groß. Diese »zu«-Aussagen schienen uns weiterer Erklärung wert. Gefehlt hat uns eine grundlegende und verständliche Auseinandersetzung mit der Frage, was da wodurch in die Krise gerät. Daraus entstand die Idee eines möglichst kurzen und leicht zugänglichen Buches, das nicht die Frage stellt, wann die nächste Krise eintritt, sondern warum das System, in dem wir leben, uns mehr oder weniger regelmäßig mit Krisen konfrontiert – woher also das »zu viel, zu groß, zu niedrig, zu hoch« kommt und worin es besteht.

Das Buch behandelt zwar Finanzkrisen. Nichtsdestotrotz beginnen wir mit der Realwirtschaft, am Beispiel eines Unternehmens, das Haushaltsgeräte produziert. Denn wir sind der Überzeugung, dass die Prinzipien und Ziele, die bei einem solchen Unternehmen wirksam sind, auch für das Finanzkapital gelten. Vor allem die Spekulation ist kein Merkmal allein des Handels an der Börse, sondern schon bei der Herstellung von Konsumgütern am Werk. Unter »Spekulation« verstehen wir nicht bloß das Geschäft mit der Veränderung von Wertpapierkursen, sondern allgemeiner: Geschäfte, die auf Erwartungen beruhen. »Spekulation« kommt vom Lateinischen: speculor heißt »spähen«, »belauern«, »Ausschau halten«. In diesem Sinne machen wir auch keine Unterscheidung zwischen »guter« Investition und »böser« Spekulation.

Im zweiten Kapitel beschäftigen wir uns dann mit dem Kredit, den das Unternehmen braucht, um sein

Geschäft in der Konkurrenz zu anderen zu betreiben und zeigen, wie die Spekulation eine neue Ebene erreicht und wie der Kredit die Akteure immer mehr vernetzt und voneinander abhängig macht mit weitreichenden Konsequenzen, wenn es um Krise geht.

Im dritten Kapitel stellen wir das Geschäft der Banken dar und zeigen, wie sie durch die Kreditvergabe praktisch Geld schöpfen, in der Erwartung erfolgreicher Geschäfte: Spekulation auf höherer Stufenleiter.

Die nächste Stufe der Spekulation wird dann im Kapitel vier erreicht: an den Finanzmärkten. Sie sind die Heimat der Börsianer, die mit Anleihen und Aktien ihre Geschäfte machen, sowie mit Derivaten und sonstigen Versprechen auf künftigen Reichtum, von dem niemand sagen kann, ob er am Ende wirklich da sein wird oder nicht. Hier geht es uns nicht um eine umfassende Darstellung der Finanzmärkte und all ihrer Abteilungen, sondern um die Darstellung ihrer Logik. In diesem Kapitel finden sich auch zwei Exkurse: einer zum Staat in seiner Doppelfunktion als Aufsichtsorgan und als Renditequelle der Finanzmärkte; und einer zu den Besonderheiten der Immobilie als Anlageobjekt.

Nach der Darstellung der Finanzsphäre thematisieren wir in Kapitel fünf ihr Verhältnis zur sogenannten Realwirtschaft: Sind die Finanzmärkte von der Realwirtschaft entkoppelt? Dienen sie ihr nicht mehr? Diese und ähnliche Fragen werden hier diskutiert. Den Begriff »Realwirtschaft« nutzen wir im landläufigen Sinne und verstehen unter ihm jene Unternehmen außerhalb des Finanzsektors, die Güter und Dienstleistungen produzieren. Die im Begriff mitschwingende Aussage – produzierende Unternehmen stellen »reale« Güter her, bei der Finanzsphäre handelt es sich dagegen nur um »heiße Luft« – teilen wir allerdings nicht.

Der erste Teil des Buches widmet sich der Erklärung dessen, was in die Krise gerät. Die Krise selbst, die in jedem Kapitel schon auf der jeweiligen Ebene aufscheint, wird dann im zweiten Teil des Buches thematisiert. Nach einem ersten allgemeineren Kapitel zu den kapitalistischen Krisen als sehr besonderen Krisen werden drei Beispiele aus der jüngeren Vergangenheit dargestellt: Die Internet-Blase 2000, die US-Hypothekenkrise 2007 und die Griechenlandkrise 2009. Ursprünglich nicht geplant, aber aus aktuellem Anlass hinzugefügt wird ein Kapitel zur sogenannten Corona-Krise oder: Wie und warum ein Virus die Weltwirtschaft in die Knie zwingt.

Soweit zum Aufbau des Buches. Nun noch einige Lesehinweise: Unter der Überschrift »Kritische Anmerkungen« betrachten wir am Ende einiger Kapitel ökonomische Erklärungsansätze und Sichtweisen, die zwar sehr populär sind, aber aus unserer Perspektive in Frage gestellt gehören. Dabei handelt es sich nicht um eine umfassende Darstellung und Kritik anderer Theorien, sondern lediglich um kritische Anmerkungen, die dazu dienen, unsere eigenen Argumente klarer zu machen.

Vor den Zahlenbeispielen, die wir hier und da im Buch bringen, möge niemand erschrecken. Sie sind simpel und helfen aus unserer Sicht, komplexe Zusammenhänge zu verdeutlichen. Die Realität ist stets komplexer, aber der Kern, ihre Funktionsweise wird durch einfache Beispiele klar.

Entsprechend dem Vorhaben, ein allgemeinverständliches Buch zu schreiben, finden die Leserinnen und Leser in unserem Text kaum Fußnoten oder Verweise auf andere Werke. Auch auf ein Literaturverzeichnis verzichten wir und beschränken uns auf wenige Zitate aus Studien – in der Regel von staatlichen Institutionen oder Banken –, die uns aussagekräftig erschienen, manchmal auch genau wegen ihres Auftraggebers.

Zwar nennen wir kaum Quellen. Selbstverständlich aber bauen auch unsere Gedanken auf Gedanken und Büchern anderer Autoren und Autorinnen auf. Den Hintergrund unserer Analyse bildet die Kritik der politischen Ökonomie von Karl Marx – vor allem die drei Bände des *Kapital* –, sowie die zahlreichen Debatten, die darüber seit der Veröffentlichung stattgefunden haben.

Die Begriffe Unternehmer und Kapitalist verwenden wir synonym. Unsere Zahlen beziehen sich auf die deutsche Skala, eine Billion Dollar oder Euro entsprechen also 1000 Milliarden Dollar oder Euro.

Und zuletzt eine kleine Warnung: Das zentrale Anliegen unseres Buchs besteht darin zu zeigen, dass die eigene Logik des heutigen ökonomischen Systems notwendig Krisen produzieren muss und dass die Gegenüberstellung von einer guten »Realwirtschaft« und einem aufgeblähten Finanzsektor zu kurz greift. Entsprechend bietet das Buch keine ökonomischen oder politischen Vorschläge, wie Krisen vermieden oder bewältigt werden könnten. So gehen wir kaum auf die zahllosen staatlichen Maßnahmen zur Absicherung oder Regulierung der Finanzmärkte ein, und die Rolle des Staates behandeln wir auch nur am Rande.

Last but not least möchten wir unseren großen Dank an Michael Heinrich und Sabine Nuss für ihre kritischen Hinweise aussprechen, die das Buch präziser und verständlicher gemacht haben. Für Fehler, Verkürzungen und andere Pannen zeichnen selbstverständlich allein wir verantwortlich.

Berlin, Mai 2020

Stephan Kaufmann und Antonella Muzzupappa

Teil I:

DAS FINANZKAPITAL

1. Die Realwirtschaft oder: Das erste spekulative Geschäft

Das Wirtschaftssystem, in dem wir leben, wird oft beschrieben als die einzig vernünftige Art und Weise, die Produktion und Verteilung von Gütern zu organisieren. Den letzten Zweck des Kapitalismus[1] identifizieren Ökonomen mit der effizienten Nutzung der Ressourcen sowie mit der optimalen Befriedigung der Bedürfnisse der Menschen. Zwar ziele jedes einzelne Unternehmen bloß auf einen möglichst hohen Gewinn für sich. Doch um dieses Ziel zu erreichen, müsse es in Konkurrenz mit anderen Anbietern treten. Der Markt zwinge das Unternehmen daher dazu, die Ressourcen möglichst effizient einzusetzen, um Kosten zu sparen und uns gute und preiswerte Produkte anzubieten. Die wahren Könige des Systems seien daher die Kunden, die Verbraucher: Sie sagten den Unternehmen, wo es lang geht, was gewollt und daher produziert wird und was nicht. Soweit die verbreitete Erzählung über den Kapitalismus.

Es ist allerdings kein Zufall, dass die meisten Menschen sich nicht als Könige und Königinnen dieser Gesellschaft und die Unternehmer nicht als Wohltäter im

---

1 Wir machen im Folgenden keinen Unterschied zwischen »Kapitalismus« und »Marktwirtschaft«. Beide Begriffe kennzeichnen für uns ein Wirtschaftssystem, das darauf beruht, dass private Unternehmen eine Geldsumme investieren, um sie zu vermehren. Diese sich vermehrende Geldsumme bezeichnet das Wort »Kapital«. Das Ziel, aus Geld mehr Geld zu machen, verfolgen die Unternehmen in Konkurrenz zueinander. Diese Konkurrenz findet auf dem »Markt« statt.

Dienste der Allgemeinheit wahrnehmen. Schauen wir uns daher genauer an, was Unternehmen tun und wie sie ihre Ziele verfolgen.

In einer Gesellschaft, in der kapitalistisch produziert wird, gibt es nur ein Ziel, das von den produzierenden Unternehmen verfolgt wird, und das ist der Profit. Unternehmer sind nur dann bereit, Geld für die Produktion von Gütern zur Verfügung zu stellen, wenn sie dabei einen Gewinn erwirtschaften können. Wenn sie Rohstoffe und Maschinen kaufen und Menschen gegen Lohn beschäftigen, um zum Beispiel Autos zu produzieren, so tun sie das, weil sie erwarten, dass das vorgeschossene Geld sich am Ende des Produktionsprozesses vermehrt. Diesen Vorschuss nennt man Investition. Kapitalisten geben nicht einfach ihr Geld aus, wie wir das tun, wenn wir etwas einkaufen. Sie investieren es in der Erwartung, reicher zu werden. Diese Erwartung ist die Bedingung für jede Produktion – ohne sie wird nichts hergestellt. Ausgedrückt wird dies etwas begriffslos in Sätzen wie »Nicht alles ist Wirtschaft, aber ohne Wirtschaft ist alles nichts«.

Stellen wir uns jetzt eine Fabrik vor, die Haushaltsgeräte produziert und verfolgen die Schritte, die die Eigentümerin dieser Fabrik mit ihrem Geld geht, wenn sie sich entscheidet, es in die Produktion von Kühlschränken, Spülmaschinen usw. zu investieren. Die Firma heißt in unserem Beispiel A&S GmbH und produziert ausschließlich für den inländischen Markt. Zunächst sucht das Unternehmen einen Ort für seine Produktion und muss in den meisten Fällen eine Miete zahlen oder eine Immobilie erwerben. Hat es den Ort gefunden, kann A&S Maschinen, Computer und sonstige Arbeitsmittel und Rohstoffe kaufen, die es für die Produktion braucht. Damit daraus dann Haushaltsgeräte werden, braucht die Fabrik Arbeitskräfte, die aus den Arbeitsmitteln und den Rohstoffen die Geräte herstellen, die es dann zu verkaufen gilt. Die ersten Schritte unserer Kapitalistin sehen also vor, dass sie Geld ausgibt: für Produktionsmittel und Arbeitskräfte.

Um die Rechnung einfach zu halten, nehmen wir an, dass A&S für seine ganzen Einkäufe 100 Euro bezahlt. Davon gehen 70 Euro in die Produktionsmittel, Mietkosten, Rohstoffe usw. Mit den restlichen 30 Euro bezahlt die Kapitalistin die Menschen, die für sie arbeiten. Ziel dieser Ausgaben ist es, dass die A&S GmbH nach Produktion und Verkauf der Waren am Ende des Prozesses ihr Geld zurückbekommt und zusätzlich einen Gewinn erwirtschaftet. Es wäre für sie sinnlos, würde sie die 100 Euro ausgeben und hätte dann am Ende des ganzen Zyklus zum Beispiel nur noch 80 Euro. Ebenso sinnlos wäre das Ganze, wenn am Ende die ursprünglichen 100 Euro übrig blieben – wozu dann der ganze Aufwand? Für A&S interessant wird die Sache erst, wenn sie darauf setzen kann, dass der Rücklauf ihr zum Beispiel 110 Euro beschert – und damit eine Profitrate von 10%[2].

Nehmen wir an, die Eigentümerin von A&S nimmt von den 10 Euro Gewinn 5 Euro für sich und finanziert

2 Um die Rechnung von ihrer Logik her verständlich zu halten, sehen wir davon ab, dass das für die Maschinen ausgegebene Geld erst über einen längeren Zeitraum zurückfließt und die Einnahmen am Anfang deswegen geringer sind als die gesamte Investitionssumme.

damit ihren Konsum. Die restlichen 105 Euro investiert sie wieder. Bleibt die Profitrate bei 10%, so bringt ihre Investition von 105 Euro nach der zweiten Runde 115,50 Euro. Sollte sie mit den 5 Euro für sich immer noch auskommen, kann sei in der nächsten Runde 110,50 Euro vorschießen und so dann 121,55 Euro herausholen. Wenn alles gut läuft, vermehren sich also die ursprünglichen 100 Euro bei jeder Runde immer mehr.

Genau das ist das Ziel der ursprünglichen Investition: Das Geld zu vermehren und zwar nicht nur einmal, sondern immer mehr, in jeder Runde. Die Bewegung des Kapitals ähnelt einer Spirale nach oben. Und weil es sich um eine rein quantitative Bewegung handelt, kennt sie nach oben auch kein Ende und keine Grenze: »Mehr« geht immer. Warum sollte A&S bei 121,55 Euro Schluss machen, wenn es bei der nächsten Runde bei 10% Gewinn knapp 134 Euro erwirtschaften kann? Und warum sollte die Kapitalistin bei den 134 Euro Schluss machen? Gemäß dieser Logik gibt es keinen Grund aufzuhören – zumal die Fabrik schon steht, die Maschinen eingekauft und die Arbeitskräfte eingestellt sind. Es geht also weiter. Und da es um die pure Vermehrung von Geld geht, zählt für das Unternehmen nicht nur der erwirtschaftete Gewinn in Euro und Cent. Sondern auch die Rate seines Wachstums: Warum nur 10% Profit, wenn 15% auch möglich sind? Es ist diese Vermehrungsrate des vorgeschossenen Kapitals, die Profitrate, der finale Maßstab der Kapitalisten. Und sie bestimmt, ob sie überhaupt in Haushaltsgeräte investieren oder in Computer oder Gartenmöbel.

Welche Stellung haben in diesem Schema die produzierten Geräte und die eingestellten Arbeitskräfte? Sie sind nicht mehr und nicht weniger als die Mittel, mit denen die Kapitalistin ihren Gewinn macht. Die Vorstellung, Aufgabe des Unternehmers sei letztlich die Bereitstellung von nützlichen Gütern und Arbeitsplätzen, wird ständig von den Erfahrungen, die wir alle machen, widerlegt. Sollte zum Beispiel unsere A&S-Investorin irgendwann keinen Gewinn mehr machen oder sollte sie erwarten, dass ihr in Haushaltsgeräte investiertes Geld nicht mehr vermehrt zurückfließt, würde sie ihre Fabrik schließen oder andere Produkte herstellen. Ob die Menschen dann dadurch spülmaschinen- oder arbeitslos werden, muss sie nicht kümmern. Aus der Perspektive der Kapitalisten ist die Entscheidung, eine unrentable Fabrik zu schließen, eine auf Grundlage der kapitalistischen Produktion rationale Entscheidung. Die oft geübte Kritik, Unternehmen würden sich nicht ausreichend um die gesellschaftlichen Konsequenzen ihrer Entscheidungen kümmern, setzt Maßstäbe voraus, die außerhalb der marktwirtschaftlichen Kriterien liegen. Kapitalisten verfolgen ein im System gesetztes und akzeptiertes Ziel. Dieses Ziel – den Profit zu maximieren – steht häufig im Gegensatz zu den Interessen vieler anderer Menschen in der Gesellschaft.

Wie sieht dieser Interessengegensatz aus? Nehmen wir zum Beispiel die Menschen, die bei A&S arbeiten. Ihr Lohn stellt für die Kapitalistin Kosten dar, genauso wie die Miete für ihre Büros oder die Produktionsmittel, die sie kauft. Jede Ersparnis bei den Kosten erhöht unmittelbar den Gewinn. Daher versucht jeder Kapitalist, an billige Rohstoffe zu kommen genauso wie an billige Arbeitskräfte. Je niedriger die Löhne, desto größer der Gewinn. Zusätzlich versuchen die Kapitalisten, für den gezahlten Lohn eine immer höhere Leistung von den Arbeitskräften zu bekommen, zum Bespiel durch die Optimierung der Produktion und der Arbeitsabläufe, durch die Einführung neuer Maschinen oder die Anwendung neuer Technologien.

Solche Maßnahmen erlauben in der Regel, pro bezahlter Arbeitsstunde mehr Produkte herzustellen. Dass dies zu einer höheren Belastung der Arbeitskräfte führt, erfahren viele Menschen am eigenen Leib. Doch können sie meist nicht so einfach ihren Job verlassen, wenn der Lohn nicht stimmt oder der Arbeitsstress wächst. Denn bekanntlich sind Menschen, die nicht viel Geld oder Eigentum haben, auf einen Job angewiesen. Nur durch die Lohnarbeit kommen sie zum Geld, das sie fürs Leben brauchen.

Das Verhältnis zwischen Kapitalisten und ihren Beschäftigten ist also ein eigentümliches: Einerseits verkörpern sie entgegengesetzte Interessen. Anderseits sind sie voneinander abhängig. Einerseits brauchen die Kapitalisten die Arbeiter, damit sie die Produkte herstellen, andererseits ist für sie der Lohn ein Kostenfaktor, den sie am liebsten streichen würden. Da dies nicht möglich ist, versuchen die Kapitalisten, den Lohn – also die Grundlage der Existenz der meisten Menschen – möglichst niedrig zu halten. Andererseits brauchen sie den Lohn als zahlungsfähige Nachfrage nach ihren Produkten.[3] Die Arbeitskräfte wiederum wollen einerseits möglichst viel Lohn, sind aufgrund ihrer Eigentumslosigkeit aber erpressbar und bleiben abhängig vom Erfolg des Unternehmens, der darauf beruht, dass sie möglichst billig bleiben und eine hohe Leistung bringen. So sind beide – Unternehmer und Arbeitnehmer – aneinander gekettet und streiten sich um die Höhe der Löhne, um Arbeitszeit und -bedingungen. Wer in diesem Streit in der Regel am längeren Hebel sitzt, ist kein Geheimnis: Denn der Kapitalist setzt nur sein Eigentum ein, der Arbeitnehmer dagegen seine Existenz.

Der Markt oder: Alle spekulieren auf Erfolg

Das Interesse unserer Kapitalistin steht im Widerspruch nicht nur zu dem ihrer Beschäftigten, sondern auch zu dem anderer Unternehmen. Bosch, Miele, Beko, Gorenje und andere produzieren nämlich auch Haushaltsgeräte und verfolgen das gleiche Ziel wie A&S: aus Geld mehr Geld zu machen. Auf diese Weise machen sie sich gegenseitig den Erfolg streitig. Jede Marke versucht, sich gegen die anderen zu behaupten und feiert jede Pleite, die nicht ihre ist. Um sich in der Konkurrenz durchzusetzen, versucht jedes Unternehmen, bessere und billigere Geräte zu produzieren, um die Angebote der Wettbewerber zu entwerten. Die Konkurrenz läuft über die Erfindung neuer Techniken für die Arbeitsabläufe und

3 Selbstverständlich soll aus Sicht des einzelnen Kapitalisten die zahlungsfähige Nachfrage immer von den Beschäftigten anderer Unternehmen kommen, während die eigenen Beschäftigten so niedrige Löhne wie möglich erhalten. Nach dieser Logik handeln allerdings alle Kapitalisten.

die Produktion, über die Herstellung besserer Produkte und über die Senkung der Produktionskosten. Für die Konkurrenz unter Kapitalisten bezahlen also zum größten Teil die Beschäftigten, die immer produktiver und billiger gemacht werden.

Jede Fabrik versucht, so viel abzusetzen wie möglich und idealerweise den gesamten Markt zu erobern. Das führt regelmäßig zu Überangeboten: Immer mehr Haushaltsgeräte konkurrieren um die beschränkte Zahlungsfähigkeit der potenziellen Käufer. Welche Fabrik besser und billiger produziert hat und sich deswegen in der Konkurrenz behauptet, weiß man immer erst, wenn alle ihre Produkte auf den Markt werfen. Erst dann wird man sehen, erstens wie viele von den produzierten Kühlschränken sich auch tatsächlich verkaufen lassen. Und zweitens welche Firma den Konkurrenzkampf gewinnt oder zumindest übersteht. Das bedeutet, dass zum Zeitpunkt der Investition und der Produktion die Akteure noch nicht wissen können, ob oder inwieweit sie auch Erfolg haben werden, ob sich ihre Investition also lohnen wird.

Die Kapitalisten verhalten sich allerdings so, als ob der Erfolg garantiert wäre. Zum Zeitpunkt der Investition gehen sie davon aus, dass sie ihre Waren verkaufen werden. Das bedeutet, dass unser Wirtschaftssystem von vornherein auf Erwartungen basiert und daher spekulativ ist. Zwar verbindet man die Spekulation in der Regel nicht mit der Produktion von Gütern wie Spülmaschinen, sondern mit Banken und Finanzgeschäften. Doch basieren kapitalistische Geschäfte stets auf Erwartungen, von denen zum Zeitpunkt der Investition niemand sagen kann, ob sie sich erfüllen. Die Erwartungen existieren nicht nur in den Köpfen der Unternehmer, sie erhalten reale Gestalt: Die vielen Haushaltsgeräte zum Beispiel, die A&S noch nicht verkauft hat, stehen in ihrer Bilanz als Vermögenswerte. Diese Werte basieren auf der Annahme, dass die Produkte in der Zukunft verkauft werden. Geschieht dies nicht, sind nicht nur Unternehmererwartungen enttäuscht, sondern der in Kühlschränken und Spülmaschinen so real erscheinende Reichtum löst sich in Luft auf. Daher haben Unternehmen auch keine Probleme damit, nicht verkäufliche Ware zu vernichten – für sie ist sie nutzlos, nichts wert.

Dass die Erwartungen sich trotz aller Marktforschung und Werbemaßnahmen nicht erfüllen, ist nicht nur immer möglich, sondern auf kurz oder lang sogar sicher. Denn keiner der Kapitalisten kann exakt vorhersagen, wie viele Menschen Kühlschränke oder sonstige Produkte brauchen und auch das Geld haben werden, um sie zu kaufen. Und keiner kann sagen, wie viele Käufer sich für sein Produkt entscheiden werden. Um ihren Profit zu maximieren, versuchen alle Wettbewerber, möglichst große Teile des Marktes zu besetzen, was notwendig zur Überproduktion führt: Alle expandieren und produzieren immer mehr, was zur Folge hat, dass immer mehr Produkte unverkauft bleiben. Um in der Konkurrenz zu bestehen, drücken die Hersteller zudem ihre Kosten, was die Löhne und damit die zahlungsfähige Nachfrage weiter einschränkt und noch mehr Produkte liegen lassen lässt. Die Kaufkraft der Kunden, die nie über ein bestimmtes Maß hinaus wachsen kann, wenn die Profite nicht gefährdet werden sollen, kann schwer eine immer wachsende Produktion verdauen (siehe Kapitel 6).

Das kapitalistische System ist zwar darauf angewiesen, dass die produzierten Waren verkauft werden. Es kann aber weder garantieren, dass die Leute genau das brauchen, was produziert wurde, noch kann es garantieren, dass sie das Geld dafür haben werden, falls sie die Güter brauchen. Jeder Kapitalist spekuliert aber bei jeder Investition darauf, dass seine Rechnung aufgeht. Wenn das Spiel in großem Maße nicht funktioniert und viele Waren unverkauft bleiben, spricht man von Krise. In diesem Sinne steht das ganze System auf einer prekären Grundlage und ist mit Widersprüchen behaftet, die aus dem System selbst erwachsen (siehe Kapitel 6).

Kritische Anmerkungen

Die herrschende Volkswirtschaftslehre zeichnet ein anderes Bild vom kapitalistischen System als wir. Sie nimmt in ihrer Erzählung die existierenden Widersprüche und die gegensätzlichen Interessen zwar zur Kenntnis – sie weiß, dass auf dem Markt die Unternehmen gegeneinander mit Gütern, Preisen und Kosten um die Nachfrage konkurrieren. An diesem Wettbewerb findet sie aber weniger die Gegensätze bedeutend, sondern das Zusammenspiel der Marktteilnehmer. Sie abstrahiert von den Gegensätzen und betrachtet das System als ein Gemeinschaftswerk, in das die privaten Haushalte ihre Ersparnisse und Arbeitskraft einbringen und die Unternehmen die Produktionsmittel. In diesem System gehen die Menschen in die Fabrik, nutzen die Maschinen und Anlagen und stellen Güter her. Als Belohnung erhalten die Arbeitnehmer einen Lohn, mit dem sie die Güter kaufen können. Der Unternehmer erhält einen Gewinn, von dem er lebt und den er in neue Produktionsmittel investiert. Aufgabe des »Wirtschaft« genannten Kapitalismus ist es in dieser Sichtweise letztlich, mit knappen Ressourcen Dinge herzustellen, um die menschlichen Bedürfnisse optimal zu befriedigen.

Wäre diese Aufgabe so gestellt, dann bliebe zunächst rätselhaft, warum im Kapitalismus nicht die Bedürfnisse der Menschen zählen, sondern nur zahlungsfähige Bedürfnisse. Ein Mensch kann noch so große Not leiden – hat er kein Geld, bleibt die Warenwelt ihm verschlossen. Wer dagegen über genug Geld verfügt, dem bieten die Unternehmen die Mittel zur Befriedigung auch seiner merkwürdigsten Wünsche. Im Kapitalismus zählt ausschließlich das zahlungsfähige Bedürfnis, weil die Unternehmen nur das Einsammeln dieser Zahlungsfähigkeit bezwecken und ihre Güter nur Mittel für diesen Zweck sind.

Die herrschende ökonomische Lehre erkennt zwar an, dass Unternehmen nur dann produzieren, wenn sie einen Profit erwirtschaften. Doch ist für sie der *Profit eine bloße Bedingung*, die erfüllt sein muss, damit nützliche Güter hergestellt werden. Der Haken daran: Wenn die Erwirtschaftung von Profit die Voraussetzung für jede Wirtschaftstätigkeit ist, dann wird er eben auch zum letzten Zweck allen Wirtschaftens. Der notwendigen Bedingung Profit ist damit alles untergeordnet, ohne ihn läuft nichts und daher alles für ihn.

Dass jedes Unternehmen seinen Gewinn maximieren will, hält die Volkswirtschaftslehre dennoch nicht für ein Problem. Denn sie weist darauf hin, dass der Wettbewerb die Unternehmen dazu zwinge, zum Zweck ihrer Profiterzielung *den Kunden immer bessere Angebote* zu unterbreiten. Über diesen »Marktmechanismus« werde das unternehmerische Ziel der Profitmaximierung zu einem Hebel für die Produktion von Einkommen und nützlichen Gütern. Daher decken sich für die ökonomische Lehre die Interessen eines Unternehmers letztlich mit denen seiner Beschäftigten: Indem die A&S GmbH sich um ihren privaten Profit kümmert und ihn zu maximieren versucht, sorgt sie automatisch für das Wohl der Gesamtgesellschaft. Diese Harmonie kann nur von außen gestört werden, in aller Regel durch falsche Politik.

Doch macht auch der Wettbewerb aus der Profitmaximierung nicht ein Instrument zur Bedürfnisbefriedigung. Selbst wenn die Unternehmen den Kunden immer bessere Angebote machen, so bleibt der Zweck dieser Angebote der Profit. Der Kunde mag im Supermarkt die Wahl haben. Letztlich aber muss er sich seinen mehr oder weniger bescheidenen Lohn einteilen, und er hat nur die Wahl zwischen den Gütern, die die Unternehmen ins Regal gestellt haben – und die stellen nur ins Regal, was sich für sie lohnt. Als Arbeitnehmer muss er also billig und leistungsfähig sein, damit sein Arbeitgeber einen Profit macht. Als Konsument hat er nur die Wahl, welchem Unternehmen er durch seinen Kauf einen Gewinn einspielt.

Ginge es im Kapitalismus um die Erfüllung von Konsumentenwünschen, so gäbe es auch keinen *Zwang zum ewigen Wachstum der Produktion*. Dieser Zwang ergibt sich aus der Maßlosigkeit der Bewegung des Kapitals, der Spirale nach oben, also dem rein quantitativen Maßstab des Wirtschaftens: Aus einer Summe Geld wird mehr Geld gemacht und daraus noch mehr. Hätte unsere Gesellschaft dagegen das Ziel, die Menschen zufrieden zu stellen, so müssten Produktion und Profite nicht ins Unendliche steigen. Denn geht es um Bedürfnisse und konkrete Produkte wie Haushaltsgeräte, Brot oder Smartphones, so gibt es immer eine Grenze, nach der die weitere Produktion keinen Sinn mehr macht. Oder wie viele Kühlschränke oder Smartphones kann ein Mensch gebrauchen? Wie viele Kilo Brot kann man essen, bevor es schlecht und weggeschmissen wird? Und auch wenn wir an Luxus oder Genuss denken: Wie unendlich können Bedürfnisse nach Yacht oder Kaviar sein? Während es immer wünschenswert ist, mehr Geld zu haben und zu wollen, macht es keinen Sinn, zwei, drei, vier Yachten zu besitzen. Und selbst wenn man – wie die Volkswirtschaftslehre – annimmt, die Bedürfnisse des Menschen seien unendlich, so würde auch daraus kein Zwang zum unendlichen Wachstum folgen. Denn Menschen können immer entscheiden, ob sie mehr oder anderes wollen oder lieber verzichten. Einem Zwang zum Immer-mehr unterliegen sie nicht. Das Verhältnis von Bedürfnisbefriedigung und Wirtschaft ist heute eher umgekehrt: Sollten sich die Menschen zu Verzicht entscheiden, wäre eine ausgewachsene Wirtschaftskrise die Folge. Denn nicht der Mensch, sondern das Kapital lebt vom ewigen Wachstum.[4]

Kapitalistische Unternehmen zielen also auf Profit und zwar auf soviel wie möglich – und egal womit. Dies erklärt, warum es für sie letztlich gleichgültig ist, ob sie ihr Geld in die Produktion von Haushaltsgeräten oder Smartphones investieren oder in den Kauf von Aktien, Anleihen oder anderen Finanzprodukten. Für einen Kapitalisten sind alle diese Dinge gleich gültig, sie sind quantitativ vergleichbare Möglichkeiten, einen Gewinn zu machen. Und da fällt die Wahl auf die Möglichkeit, die mehr Profit verspricht (siehe dazu Kapitel 5). Dieser Zwang zum Maximalprofit fördert laut herrschender ökonomischer Lehre allerdings die *Effizienz* der gesamten Wirtschaft – für Ökonomen ist »rentabel« in etwa gleichbedeutend mit »effizient«. Nach ihrer Logik setzt zum Beispiel ein Unternehmen möglichst wenig Rohstoffe ein, um Kosten zu sparen. Dadurch arbeite es auch ökologischer. Nach dieser Logik spart das Unternehmen auch am Personal, was dazu führt, dass weniger Arbeit für die Produktion nötig ist. Kapitalistische Rendite wird so zur quasi-natürlichen Vernunft. Die Konkurrenz um

4 In der kapitalistischen Realität sind auch die Unternehmen den unendlichen Bedürfnissen der Konsumenten eher weniger ausgeliefert. Vielmehr versuchen sie, durch ausgefeilte Marketing-Strategien immer neue Bedürfnisse zu schaffen.

Profite und Kostensenkung führt so zur besten aller möglichen Welten.

Zu dieser Darstellung sei nur angemerkt, dass Unternehmen zur Erhöhung ihrer Rendite jedes verfügbare Mittel nutzen, woraus beachtliche Schäden folgen. So ist der Klimawandel zum großen Teil darauf zurückzuführen, dass kapitalistische Unternehmen Energieträger wie Kohle und Öl weiträumig genutzt haben, eben weil sie perfekte Mittel des Profits sind: Sie sind verlässlich, verfügbar, breit einsetzbar und vor allem billig. Dass sie auch die CO_2-Konzentration in der Atmosphäre steigern, war lange kein Bestandteil der betriebswirtschaftlichen Kalkulation. Aus ihr folgen Umweltschäden ebenso wie die Armut asiatischer Näherinnen, europäischer Arbeitsloser oder afrikanischer Bauern.

Neben Gütern zur Bedürfnisbefriedigung produziert die »Effizienz« des herrschenden Wirtschaftssystems daher auch jede Menge Mangel: Armut, Arbeitslosigkeit wie auch eine fortschreitende Zerstörung der Umwelt, die die Unternehmen nur als kostengünstige Rohstoffquelle und Schadstoffdeponie nutzen. Häufig wird über solche Phänomene gesprochen, als seien sie ein *Versagen des Systems*. Eine solche Beschwerde wäre nur dann schlüssig, wenn man dem System Ziele unterstellt, die gar nicht seine sind: Versagen kann man nur an Aufgaben, die einem gestellt sind. Nur wenn sich der Kapitalismus die Vollbeschäftigung zum Ziel gesetzt hätte, entspräche eine hohe Arbeitslosigkeit einem Systemversagen. Wenn aber A&S einfach Profit machen will, dann ist es absolut rational und nachvollziehbar, die Lohnkosten so niedrig wie möglich zu halten – etwa indem Arbeiter entlassen werden oder eine Fabrik in Deutschland geschlossen und an einem Billiglohnstandort eröffnet wird. Die Klage »Entlassungen trotz hoher Gewinne« basiert auf dem Irrtum, Gewinne seien nur ein Mittel zur Schaffung von Arbeitsplätzen und ihr Abbau höchstens legitim, wenn der Gewinn ausbleibe.

Der »Diesel-Skandal« zeigt beispielhaft, wie wenig sich die Logik des Systems auch um die Umwelt schert. Aus Perspektive der deutschen Autohersteller war es rational, ihren Profit zu schützen und nicht die Atmosphäre. Dafür haben die Konzerne die Schadstoffemissionen ihrer Produkte manipuliert. Ebenso systemlogisch ist es, dass in der Welt viele Leute an Hunger sterben, weil sie kein Geld haben, und gleichzeitig Lebensmittel vernichtet werden, weil sie nur zu niedrigen Preisen verkauft werden könnten, was den Profit gefährdet. Oder dass für Krankheiten, die vor allem in armen Ländern grassieren, keine Medikamente hergestellt werden.

All diese Zusammenhänge sind kein Geheimnis. Es ist bekannt, dass das betriebswirtschaftliche Interesse der Unternehmen nicht automatisch zu glücklichen Menschen, sparsamem Ressourcenverbrauch und einer intakten Umwelt führt. Daher gibt es staatliche Umweltschutzauflagen, die die Unternehmen dazu zwingen, ihre Emissionen zumindest zu begrenzen. Daher gibt es Verbraucherschutzorganisationen und Produktvorgaben, die die Konsumenten vor den Angeboten der

Unternehmen schützen. Daher gibt es Arbeitsgesetze und Gewerkschaften, die der Macht der Unternehmen etwas entgegensetzen können. Daher gibt es Kartellämter, die darauf achten, dass einzelne Unternehmen nicht zu mächtig werden, um ihre Interessen ungehindert durchzusetzen.

Das wirtschaftliche System, die kapitalistische Logik, existiert also nicht im luftleeren Raum. Die Existenz von politischen und gesellschaftlichen Instanzen sorgt dafür, dass sich in der Realität die beschriebene Bewegung des Kapitals kaum in reiner Form wiederfindet. Sollte sich A&S im Konkurrenzkampf nicht behaupten und einschätzen, dass sein Geschäft sich weniger lohnt als bisher, könnte es nicht ohne weiteres alle Beschäftigten auf die Straße setzen. Kündigungsschutz und Gewerkschaften würden ihn hindern.

Doch agiert auch der Staat nicht unabhängig von der betriebswirtschaftlichen Kalkulation. Er entstammt keiner anderen Welt. Der Staat finanziert sich aus Steuern und Abgaben, die er von Unternehmen und privaten Haushalten einzieht. Seine Möglichkeiten wachsen also mit dem Wachstum der heimischen Wirtschaft, das am Bruttoinlandsprodukt gemessen wird. Das Wohlergehen der Unternehmen und die Förderung ihrer Geschäfte stehen daher ganz oben auf der Agenda aller Staaten. Als »Standorte« treten sie auf dem Weltmarkt zueinander in Konkurrenz um die Frage, wer den Unternehmen die besten Wachstumsbedingungen bieten kann.

Die Politik stellt die Logik des Profits nicht in Frage, sondern modifiziert sie nur. Der Schutz von Beschäftigten, Konsumenten und Umwelt bleibt stets beschränkt, er darf die Kalkulation der Unternehmen beeinflussen, aber nicht durchkreuzen. Solange das Ziel der Profitmaximierung akzeptiert ist, können wir also nicht erwarten, dass es allen wirklich gut geht, dass wir saubere Luft atmen und keine Armut sehen. Lediglich Verbesserungen sind möglich und dies auch nicht überall auf der Welt. Jedoch: Wie weit der Staat die Unternehmen in ihren Zielen einschränkt, ist abhängig von den politischen Kräfteverhältnissen an einem bestimmten Ort zu einem bestimmten Zeitpunkt. Ist eine Gewerkschaft oder eine Umweltbewegung stark, so wird sie in der Lage sein, bessere Resultate zu erreichen.

2. Der Kredit oder: Das zweite spekulative Geschäft

Mit dem Kredit sind viele Menschen vertraut. Die meisten Erwachsenen haben schon mal einen Kredit beantragt und sich deswegen erkundigt, wie die Konditionen sind. Fragen wie »Wie hoch sind die Zinsen?« oder »Unter welchen Bedingungen bekomme ich einen Kredit?« beschäftigen keineswegs nur Anleger oder Unternehmen. Der Konsumentenkredit, den die meisten Leute kennen, ist aber vom Unternehmenskredit zu unterscheiden. Lohnarbeiter leihen sich Geld, weil sie damit eine Ware kaufen wollen, beispielsweise ein Auto[5]. Aus ihrer Sicht ist der Kredit eine Art vorgezogenes Sparen: Die Konsumenten legen nicht Geld zurück und kaufen sich später das Auto, sondern sie kaufen es gleich und müssen anschließend für die Kreditbedienung (Tilgung plus Zins) sparen. Ganz anders bei Unternehmen: Bei ihnen kompensiert der Kredit nicht einfach einen Mangel an Geld für Konsumgüter. Vielmehr leihen sie sich Geld, um es in neue Produktion zu investieren, ihr Geschäft voranzutreiben, Wachstum zu generieren, also um ihre Profite zu erhöhen. Der Kredit soll sie reicher machen[6]. Als Sicherheit für Kredite

5 Der Sonderfall des Immobilienkredits wird in Kapitel 8 beschrieben.

6 Unternehmen verschulden sich daher in wirtschaftlich guten Zeiten stärker und verzichten in schlechten Zeiten eher auf Kredite: »Das Kreditgeschäft mit Unternehmen und Selbstständigen in Deutschland hat im dritten Quartal 2019 den ersten größeren Rückschlag seit Längerem erlebt. Dies hatte sich angesichts der schon seit einem Jahr anhaltenden Konjunkturdelle abgezeichnet.« (Deutsche Bank: Deutschland-Monitor 17.2.2020).

an Unternehmen dient daher weniger, was sie an Vermögen bereits haben, sondern was sie damit vorhaben: die Aussicht auf erhöhte Profite.

Die Kreditnehmer

Ob Konsument oder Kapitalist: Wer einen Kredit aufnimmt, muss darauf Zinsen zahlen.

In einem einfachen Beispiel leiht sich A&S 100 Euro zu 2% Zins und muss irgendwann dem Gläubiger 102 Euro erstatten. Diese zusätzlichen 2 Euro muss die Firma aus dem Gewinn bezahlen. Dieser Posten war in unserer ursprünglichen Rechnung im ersten Kapitel noch nicht enthalten. Wenn wir in unserem Beispiel bleiben und von einer Profitrate von 10% ausgehen bei einer Investition von 100 Euro, müssen wir jetzt nicht nur die 5 Euro für den Konsum der Kapitalistin abziehen, sondern auch noch die 2 Euro für die Zinsen (um die Rechnung zu vereinfachen, nehmen wir erst mal an, dass A&S sich die ganzen 100 Euro ihrer Investition leiht). Unsere fiktive, jetzt um den Zins korrigierte Rechnung würde so aussehen: 100 Euro werden geliehen und investiert, 110 Euro springen bei 10% Profitrate raus. 5 Euro gehen in den Konsum der Fabrikantin, 2 Euro werden benötigt, um die Zinsen zu zahlen, 103 Euro können neu investiert werden – oder eine noch höhere Summe, sollte A&S für die zweite Runde einen zusätzlichen Kredit beantragen und gewährt bekommen.[7]

7 Der Einfachheit halber wird die schrittweise Rückzahlung des Kredits in diesem Beispiel ignoriert.

Warum leihen sich Unternehmen Geld und schaffen sich somit zusätzliche Kosten? Zunächst einmal beschleunigt ein Kredit die Zirkulation der Waren. Könnte A&S nicht auf Kredit zurückgreifen, müsste es bei jeder Runde der Produktion eine größere Pause einlegen und darauf warten, dass die produzierten Haushaltsgeräte sich verkaufen und das Geld zurückfließt, bevor es mit der Produktion fortfahren kann. Erst nach Rückfluss des investierten Geldes könnte A&S wieder Rohstoffe kaufen, Löhne zahlen und alle sonstigen Investitionen tätigen und erneut mit der Produktion beginnen. In der Zwischenzeit, während die Waren auf Käufer und Käuferinnen warten, stünde die Produktion also still, die Maschinen würden ruhen und die Arbeitskräfte auch – aus Unternehmenssicht pure Verschwendung. Denn Zeit ist Geld.

Hier kommt der Kredit ins Spiel: Noch bevor die investierten Mittel wirklich zurückgeflossen sind, kann A&S sich Geld leihen, um sein Geschäft ohne Pause weiter zu betreiben. Dank des Kredits fängt die Fabrik mit der zweiten Runde der Produktion schon an, lange bevor die erste Runde mit dem Verkauf abgeschlossen ist. Und auch die dritte Runde wird schon vorbereitet, bevor die zweite und möglicherweise auch noch die erste abgeschlossen sind – und so weiter. Die Produktion macht sich durch den Kredit für eine bestimmte Zeit vom wirklichen Verkauf der Haushaltsgeräte unabhängig. Auch richtige Stockungen im Verkauf der Waren lassen sich durch Kredite überbrücken: Werden gerade keine Wasch- und Spülmaschinen nachgefragt, kann

A&S trotzdem weiter welche produzieren, wenn der Kreditgeber Geld zur Verfügung stellt. Bessere Zeiten werden schon noch kommen, denken sich beide.

Gemessen am Ziel der Profitmaximierung besteht aber die wichtigste Rolle des Kredits darin, dass Unternehmen größere Summen Geld zur Verfügung gestellt werden, als sie sonst allein hätten: Wenn A&S 100 Euro investiert und die Profitrate bei 10% liegt, fließen 110 Euro zurück. Wenn A&S aber 200 Euro investiert (100 Euro Eigenkapital und 100 Euro Fremdkapital), fließen 220 Euro zurück, und das Unternehmen hat abermals mehr Mittel, um größere Investitionen zu tätigen.

Selbst wenn die Zinsen hoch sind gilt: Sind sie niedriger als die erwartete Profitrate, lohnt es sich für Unternehmen, Geld zu leihen, weil sie damit eine höhere Rendite auf ihr Eigenkapital erwirtschaften. Beispiel: Wenn A&S 100 Euro eigenes Kapital investiert und die Profitrate bei 10% liegt, so beträgt der Rückfluss 110 Euro. Wenn A&S sich aber zusätzlich 100 Euro leiht und einen hohen Zins von 9% bezahlt, sieht die Rechnung so aus: A&S investiert insgesamt 200 Euro, bei einer Profitrate von 10% fließen 220 Euro zurück. 9 Euro muss es für die Zinsen zahlen. Es bleiben ihm 211 Euro übrig. Berechnet auf das investierte Eigenkapital von 100 Euro entspricht dies einer Profitrate von 11% (statt 10% ohne Kredit).

Solche Investitionskredite sind für das Geschäft der Unternehmen entscheidend. Je mehr Geld A&S zur Verfügung hat, umso eher kann es in neue Produkte und neue Filialen investieren und auch in neue Maschinen, die seine Produktion rationalisieren und damit profitabler machen. Insoweit ist der Kredit dem Unternehmenszweck dienlich. Unverzichtbar aber wird er aufgrund der Tatsache, dass A&S nicht allein auf dem Markt ist, sondern gegen die anderen Firmen konkurriert, die auch Haushaltsgeräte produzieren. Aus dem Kampf um Marktanteile ergibt sich die Notwendigkeit, immer schneller, besser und billiger zu produzieren (siehe Kapitel 1). Konkret bedeutet das für Unternehmen, dass die Erweiterung ihres Geschäfts nicht nur ihrem Ziel entspringt, mehr Profit zu machen, sondern aus der Notwendigkeit, in der Konkurrenz zu bestehen. Jede Firma muss ihr Geschäft vergrößern und ihre Produktionsbedingungen verbessern, bevor die anderen das tun. Wenn zum Beispiel die Einführung neuer Maschinen, Software oder sonstiger Techniken die Produktion in dem Sinne verbessern, dass die Waren am Ende billiger werden, müssen sie sofort eingeführt werden, um sich gegenüber anderen einen Vorteil zu verschaffen. Neue Technik kostet aber Geld, das die Produzenten nicht immer haben. Der Kreditgeber kommt hier zu Hilfe und stellt die nötigen finanziellen Ressourcen zur Verfügung. Diejenigen Kapitalisten, die in der Verbesserung ihrer Produktionsbedingungen schneller sind, werden mit überdurchschnittlichen Profiten belohnt. Die anderen müssen zügig aufholen und die neuen Maschinen und Techniken ebenfalls einführen. Wer das nicht kann – aus Mangel an Kredit zum Beispiel – ist nicht konkurrenzfähig und kann daran pleite gehen. Dem Kreditgeber kommt also eine Schlüsselrolle zu:

Indem er finanzielle Mittel zur Verfügung stellt oder verweigert, entscheidet er über die Schicksale der Kapitalisten. Wer keinen Zugang zu Geldgebern hat, der kann im Spiel nicht mitmachen. Die Konkurrenz der Kapitalisten erweitert sich mit dem Kredit um ein neues Feld. Sie konkurrieren nicht mehr nur um die Kunden, die ihre Waren kaufen sollen, sondern auch um die Kreditgeber, die die nötigen Mittel für das Geschäft verteilen.

Die Kreditgeber

Diejenigen, die Kredite vergeben und A&S sowie andere Kapitalisten mit den Waffen für den Konkurrenzkampf versorgen, machen dies, weil sie daran verdienen. Wie A&S sind auch die Kreditgeber Investoren, die aus Geld mehr Geld machen wollen. Ihren Profit erzielen sie aber durch ein anderes Geschäft als A&S. Sie produzieren keine Haushaltsgeräte oder sonstige Waren, sie verleihen bloß Geld. In ihren Händen wird das Geld selbst zu einer Ware mit einem Preis: dem Zins. Als Ware ist Geld etwas Spezielles. Anders als eine Waschmaschine, ein Auto oder ein Kilo Brot wird es nicht verkauft und gehört dem Käufer damit ein für alle Mal. Stattdessen wird das Geld nur verliehen, der Schuldner muss die Summe zurückzahlen und zwar vermehrt um den Zins. Der Kreditnehmer erwirbt mit dem Kredit also nicht die geliehene Summe, sondern nur die vorübergehende Verfügung über diese Summe. Er »kauft« sich die Eigenschaft des Geldes, vermehrt werden zu können, und zahlt dafür Zinsen.

Im Kreditgeschäft scheint das Geld die Eigenschaft zu besitzen, sich selbst zu vermehren. Während es in der Produktion eine ganze Reihe Schritte zwischen der ersten Investition und dem Rückfluss des Geldes gibt (Fabrik bauen, Rohstoffe kaufen, Menschen einstellen, produzieren, Waren verkaufen usw.), muss der Kreditgeber einfach 100 Euro verleihen, eine Runde warten, und anschließend erhält er 102 Euro zurück – und zwar per Vertrag. Ein Kreditverhältnis ist ein Rechtsverhältnis: Kreditgeber und -nehmer schließen miteinander einen Vertrag, der die Summe regelt, die Höhe des Zinses sowie den Rückzahlungstermin. Der Anspruch auf den Zins gründet sich somit auf eine außerwirtschaftliche Basis: Lediglich die Tatsache, dass der Kreditgeber Geld besitzt, berechtigt ihn, mehr Geld zu bekommen, wenn er andere zeitweise darüber verfügen lässt. Tatsächlich haben Gläubiger Anspruch auf die vermehrte Summe, ganz unabhängig davon, wie das Geschäft der Schuldner läuft, ob sie Profit machen oder nicht. Wie zuvor schon A&S handelt jetzt auch der Gläubiger so, als ob der Verkauf der per Kredit produzierten Waren und der Rückfluss des Geldes sicher seien – Rückzahlung und Zins sind ja schließlich rechtlich bindend. Beim Kreditgeber geht die Sache so weit, dass er sich die vergebenen Kredite als sein Vermögen in die Bücher schreibt. So wird aus einer Erwartung und einem Anspruch reales Vermögen.

Zwar garantiert der vertraglich fixierte Zins dem Kreditgeber einen Profit auf sein Kapital. Doch das ist nur die juristische Seite. Ob er sein Geld wiedersieht, ist abhängig von der Ökonomie, also vom Geschäftserfolg von A&S. Dass die Rückflüsse keineswegs sicher sind, das weiß auch der Kreditgeber, und er gibt es zu, indem er seine Schuldner unterschiedlich bewertet und danach die Höhe der Zinsen berechnet: Je risikoreicher das Geschäft, umso höher der Zins. Schlechte Schuldner müssen mehr zahlen als gute. Risiko und Ertrag, das sind die zwei einzigen Maßstäbe, nach denen der Kreditgeber die Welt durchforstet.

Kredit als Teil des Ganzen

Eine letzte Funktion des Kredits im kapitalistischen System besteht darin, dass kein oder kaum Geld brachliegt. Da das Ziel dieser Art zu wirtschaften ist, aus Geld mehr Geld zu machen, stellt jede Summe, die nicht für dieses Ziel eingesetzt wird, eine nicht genutzte Möglichkeit dar. Das soll die Kreditvergabe verhindern. Bei den Kreditgebern – in der Regel den Banken – sammelt sich das Geld der Gesellschaft: Sowohl die Unternehmen als auch die Beschäftigten parken dort Geld, das sie gerade nicht brauchen. Die Bank verleiht dieses Geld gegen Zins an andere, die es investieren oder sich Konsumgüter kaufen. So wird das gesamte Geld der Gesellschaft mobilisiert und genutzt, um Profite zu erzielen. Dadurch erweitert sich die gesamte Geschäftstätigkeit sowie das Gesamtvolumen des Geldes, das sich vermehren soll – und die Spekulation auf den Erfolg erweitert sich auch. Um in unserem Beispiel zu bleiben: Nun ist es nicht mehr nur A&S, die darauf spekuliert, dass ihre Kalkulation aufgeht, sondern auch der Kreditgeber. Sollten sich die produzierten Haushaltsgeräte nicht verkaufen und das Geld nicht an A&S zurückfließen, träfe der Misserfolg nicht mehr nur A&S, sondern auch die Bank, die den Kredit gewährt hat und möglicherweise auch noch diejenigen, die auf dieser Bank ihr Geld geparkt haben. Und weil Banken sich auch gegenseitig Geld leihen (siehe Kapitel 3), könnte der Misserfolg von A&S auch noch andere Banken treffen, bei denen unsere Bank sich Geld geliehen hatte, bevor sie A&S den Kredit gewährte usw.[8]

Der Kredit vernetzt also noch stärker die verschiedenen Akteure des Systems miteinander und verstärkt ihre gegenseitige Abhängigkeit. Die Realwirtschaft braucht den Kredit. Die Kreditgeber brauchen den Erfolg der Realwirtschaft. Ob dieser Erfolg wirklich eintritt, weiß weder der Kreditnehmer noch der Kreditgeber. Beide spekulieren aber darauf und agieren so, als ob der Erfolg so gut wie sicher sei. Doch in der Konkurrenz können genauso wenig alle gewinnen wie bei einem Wettrennen. Es wird am Ende immer Gewinner und Verlierer geben. Inwieweit die Verlierer einfach untergehen oder andere in den Abgrund mitziehen, ist jedes Mal von vielen Faktoren abhängig. Sicher ist aber, dass die Existenz des Kreditwesens die Geschäfte vergrößert und die Schicksale der Akteure enger miteinander ver-

8 Ende 2019 warnte der Internationale Währungsfonds in seinem *Global Financial Stability Report*, dass im Fall eines konjunkturellen Abschwungs weltweit Unternehmenskredite im Wert von 19 Billionen Dollar gefährdet seien. Im Falle von drohenden Kreditausfällen könnten die Kreditgeber ihr Geld von den Schuldnern zurückfordern und damit weitere Unternehmen in Zahlungsschwierigkeiten bringen.

knüpft. Die Möglichkeit einer Krise wird somit reeller und ihre Reichweite entsprechend der Vernetzung und der Größe der getätigten Geschäfte gewaltiger.

Obwohl Kreditnehmer und -geber sich in einer gegenseitigen Abhängigkeit befinden, existiert zwischen ihnen eine Hierarchie. Die Kreditnehmer brauchen Fremdkapital, um ihr Geschäft zu machen und in der Konkurrenz zu bestehen. Der Kreditgeber hat das Geld, das alle wollen, und er hat die Wahl, wem er sein Geld überlässt. Er sitzt daher am längeren Hebel. Er begutachtet alle Unternehmen, Branchen und Länder als potenzielle Geldanlagemöglichkeiten und vergleicht sie, immer anhand seiner zwei Maßstäbe: Risiko und Ertrag. So agiert das Kreditgewerbe als Steuerungsinstanz des Gesamtsystems: Es prüft die Geschäfte und Geschäftsideen und entscheidet, welche finanziert werden und welche nicht, welche also Realität werden und welche unterbleiben. Die Unternehmen müssen damit nicht nur um Absatzmärkte für ihre Waren konkurrieren, sondern auch um den Kredit der Geldgeber. Wer Letzteren glaubhaft mehr Gewinn in kürzerer Zeit verspricht, hat bessere Chancen. Der Kredit führt daher nicht nur zu einer Erweiterung der gesamten Geschäftstätigkeit, sondern auch zur Verschärfung der Konkurrenz und des Drangs zu höheren Profiten.

Kritische Anmerkungen zum Zins

Geldverleih galt schon immer als verdächtige Aktivität. Wucherer hatten noch nie eine gute Reputation, und obwohl der Kreditgeber im Kapitalismus nicht mehr viel mit dem Wucherer von damals zu tun hat, wird er häufig kritisiert und beschimpft. Viele der Übel, mit denen man im kapitalistischen System leben muss, werden dem Kreditgewerbe zur Last gelegt. So sehen einige Kritiker in den *Zinsen die Ursache für den Zwang zur Profitmaximierung:* Müsste A&S zum Bespiel dem Gläubiger nicht mehr Geld zurückzahlen, als es sich geliehen hat, müsste es auch nicht unbedingt mehr Profit machen. Diese Darstellung ist jedoch nicht korrekt. Richtig ist zwar, dass der Zins A&S dazu zwingt, einen Überschuss zu erwirtschaften, aus dem es den Zins bezahlen kann. Allerdings haben wir im ersten Kapitel gesehen, dass das Geschäft einer kapitalistischen Fabrik von vornherein auf Profit und Profitmaximierung zielt, lange bevor sie einen Kredit aufnimmt. In der Konkurrenz mit anderen Fabriken wird die Profitmaximierung vom Ziel des Geschäftes zu einer realen Notwendigkeit. Nicht der Zins zwingt also die Unternehmen zum Profit. Sondern weil der Profit das erklärte Ziel des kapitalistischen Geschäfts ist und in der Konkurrenz erreicht werden muss, nehmen die Kapitalisten Kredite auf und zahlen dafür Zinsen. Dass die Kreditgeber ihre Dienste nicht kostenlos zur Verfügung stellen, sondern für ihre so spezielle Ware auch einen Preis berechnen, ist keine Besonderheit. Auch A&S verschenkt seine Waschmaschinen nicht, sondern produziert sie nur, um sie mit Gewinn zu verkaufen. Wer eine Fabrik dafür nicht kritisiert, braucht auch die Bank, die ihr Geld leiht, nicht zu kritisieren.

Der Kritik am Zins zugrunde liegt zuweilen das Argument, die Kreditgeber seien unproduktiv. Sie überließen dem Unternehmen einfach eine Geldsumme und kassierten anschließend den Zins, der damit ein *leistungsloses Einkommen* darstelle. Die Kreditgeber, heißt es, schmarotzen damit an der Leistung von richtigen Unternehmen wie zum Beispiel A&S. Raffendes Kapital versus schaffendes Kapital ist das dazu gehörige Bild. Was ist dran? Tatsächlich produzieren Geldgeber nichts, sondern stellen »nur« ihr Geld anderen zur Verfügung, die dann wirklich Dinge herstellen – in unserem Fall Haushaltsgeräte. Die Kritik »Leistungslos!« gründet aber auf einem Missverständnis: Der Eigentümerin von A&S steht der Profit nicht zu, weil sie in der Fabrik arbeitet und Waschmaschinen herstellt – das tun für sie die Beschäftigten. Ob die Eigentümerin der Fabrik arbeitet oder nicht, den Profit erhält sie schlicht, weil ihr die Fabrik gehört. Kreditgeber oder Fabrikbesitzerin – in beiden Fällen gründet der Anspruch auf die Vermehrung einer Summe Geldes auf dem Eigentum an ihr. Beim Kreditgeber handelt es sich um Eigentum an Geld, bei der A&S-Eignerin um das Eigentum an der Fabrik beziehungsweise den Produktionsmitteln.

Paradoxerweise sind diejenigen, die wirklich etwas leisten und die Haushaltsgeräte tatsächlich herstellen, die einzigen, die keinen Anspruch auf die vermehrte Summe Geldes haben. Die Beschäftigten bekommen einen Lohn, der mehr oder weniger fix ist. Lohnerhöhungen können die Gewerkschaften zwar durchsetzen, und sie tun das auch. Eines bleibt aber sicher: Die Kapitalisten versuchen die Lohnkosten immer zu senken – auch dann, wenn sie gute Gewinne machen. Man könnte sagen, dass im kapitalistischen System Eigentum – sei es in Form von Geldkapital oder Produktivkapital – wesentlich besser vergütet wird als Arbeitsleistung, eben weil die Arbeitsleistung nur dafür eingesetzt wird, das Eigentum zu vermehren. Die reichsten Menschen sind daher stets jene, die über Betriebsvermögen verfügen. Nicht weil sie so viel arbeiten, sondern weil sie so viele für sich arbeiten lassen.

Doch der Zins hat auch Befürworter. In der ökonomischen Wissenschaft gilt er zuweilen als Belohnung, die der Geldgeber *für seinen Konsumverzicht* erhält, gemäß der Logik: Ein wohlhabender Mensch könnte sich auch eine Yacht kaufen, anstatt sein Geld anderen zu leihen. Ähnlich argumentiert wird bei der Fabrikbesitzerin: Auch sie könnte sich von ihrem Geld ein schönes Leben machen, anstatt Waschmaschinen produzieren zu lassen und Arbeitsplätze zu schaffen. Zum Ausgleich für diesen Verzicht erhalten beide eine Kompensation in Form des Zinses oder des Profits. Hier steht die Realität allerdings Kopf. Denn die Eigentümer von Unternehmen und Banken sind nicht Personen, die ihr Geld eigentlich in den Konsum stecken wollen, stattdessen großzügig verzichten und daher Anspruch auf eine Kompensation haben. Umgekehrt ist die Erzielung von Profit und Zins ihr Zweck, weil sich so ihr Eigentum vermehrt. Zins und Profit sind auch nicht – wie oft behauptet – die *Belohnung für das unternehmerische Risiko*, das Investoren eingehen. In der kapitalistischen Realität sind Überschüsse das Ziel, zu dessen Erreichung Kapitalisten notwendig Risiken eingehen müssen.

Schließlich sind viele der Ansicht, dass Geld sich selbst vermehren kann und dies im Kreditgeschäft auch tut. »Hier arbeitet Ihr Geld« oder »Lassen Sie Ihr Geld arbeiten« sind beliebte Werbesprüche von Banken. Und in den vergangenen Jahren beschweren sich angesichts der niedrigen Zinsen viele deutsche Sparer darüber, das ihr »Geld nichts mehr bringt« – als wäre es das Geld, das etwas bringt. Wie schon erwähnt, erweckt das Kreditgeschäft den Eindruck, Geld würde sich von allein vermehren. Aus Sicht von Kreditgebern scheint es die von ihnen verliehene Summe selbst zu sein, die den Zins produziert. Aus unserer Darstellung ergibt sich aber, dass zunächst bei A&S gearbeitet werden muss, damit ein Profit erwirtschaftet wird und aus diesem Profit auch die Zinsen bezahlt werden. Verkaufen sich die Haushaltsgeräte nicht, gerät erst A&S und dann auch der Kreditgeber in Schwierigkeiten. Geld arbeitet also nicht, Geld lässt arbeiten. Würden die Beschäftigten bei A&S aufhören, Waschmaschinen zu produzieren, würde sich auch das Geld der Kreditgeber nicht vermehren.

3. Das Geschäft der Bank oder: Spekulation auf höherer Stufenleiter

Der Kreditgeber aus Kapitel 2 vollbringt schon ein kleines Wunder: Er gibt seine 100 Euro an den Schuldner A&S, wird dadurch aber nicht ärmer. Zwar ist sein Geld noch gar nicht zurückgeflossen, es liegt bei A&S. Dennoch schreibt er sich seine Forderung an A&S über 100 Euro gut, als sein Vermögen, das sich um den Zins vermehrt. Gleichzeitig existieren die 100 Euro als Produktivkapital, das A&S investiert und seinerseits auf Vermehrung hofft.

Schulden werden verliehen

Die Bank – der wesentliche Kreditgeber im Kapitalismus – geht nun einige Schritte weiter. Denn was sie verleiht, ist gar nicht ihr Geld, sondern das Geld anderer. Arbeiter, Unternehmen und öffentliche Stellen bringen ihr Erspartes und gerade nicht benötigte Summen zur Bank, bei der sich damit fast alles Geld der Gesellschaft konzentriert.[9] Sie ist der universelle Schuldner der Gesellschaft, denn die Summen, die bei ihr liegen, schuldet sie ihren Einlegern und Sparern. Was auf unseren Bankkontoauszügen als Guthaben steht, das sind Beträge, die die Bank auf Wunsch liefern muss, etwa indem sie uns Bargeld am Automaten ausgibt.

9 Außerhalb des Bankensektors existiert nur das Bargeld in den Portemonnaies und Kassen von Unternehmen und privaten Haushalten. Doch ist dies nur ein kleiner Teil der gesamten Geldsumme. Im Folgenden wird der Einfachheit halber davon ausgegangen, dass es zunächst nur eine Bank gibt.

Die Bank hat also das Geld und ihre Kunden Forderungen an sie. Was geschieht nun, wenn die Bank das Geld, das ihr nicht gehört, an andere verleiht? Angenommen, Kunde A bringt 100 Euro zur Bank – sagen wir zur Commerzbank, die sie ihm auf seinem Konto gutschreibt. Damit hat sich die Summe verdoppelt: Der Einzahler hat eine Forderung an die Bank, mit der er per Überweisung Rechnungen bezahlen kann. Die Bank hat 100 Euro, die sie ebenfalls benutzen kann. Nun gewährt die Bank A&S einen Kredit über die 100 Euro. Damit hat sich der Betrag von 100 Euro verdreifacht. Denn sowohl Kunde A als auch A&S haben gegenüber der Bank einen Anspruch, die 100 Euro bei Bedarf ausgezahlt zu bekommen. Die Bank verfügt weiter über die 100 Euro Bargeld, hat aber 200 Euro Schulden gegenüber Kunde A und A&S. Warum macht sie das? Weil sie für den Kredit an A&S Zinsen kassiert, und das ist ihr Geschäft. Sie rechnet damit, dass A&S den Kredit plus Zins zurückzahlt. Daher bucht sie sich die 100 Euro Forderung an A&S als ihr Vermögen.

Die Bank verpflichtet sich also gegenüber Kunde A und gegenüber A&S, jedem bei Bedarf 100 Euro auszuzahlen, obwohl sie 200 Euro gar nicht hat. Das ist so lange kein Problem, wie nicht beide – der Einleger Kunde A *und* der Kreditnehmer A&S – eine Auszahlung in Bargeld fordern, sondern ihre Zahlungen über Konten bei der Bank abwickeln. Wenn Kunde A also bei A&S eine Spülmaschine für 500 Euro kauft, bucht die Bank schlicht 500 Euro von seinem Konto ab und überweist sie an A&S – kein Bargeld ist nötig, es reicht die Zahlung in »Buchgeld«. Da die Bank tausende von Einlegern und Kreditnehmern hat, verlässt sie sich darauf, dass niemals alle gleichzeitig echtes Geld sehen wollen, sondern der Bank vertrauen. Auf dieses Vertrauen ihrer Kunden vertraut die Bank ihrerseits und verlässt sich zudem darauf, dass ihre Kreditnehmer ihre Kredite plus Zins zurückzahlen werden. Das ganze System beruht bereits hier auf Erwartungen, die sich vermehrt haben.[10]

Die Bank hat gute Gründe, darauf zu vertrauen, dass nicht alle ihre Kunden gleichzeitig ihre Konten plündern werden. Denn mit Bargeld wird kaum noch gezahlt, man zahlt per Überweisung, also in Buchgeld. Es sei hier anhand eines Beispiels noch einmal verdeutlicht, was »Buchgeld« bedeutet: Nehmen wir an, A&S kauft mit den 100 Euro Maschinen für seine Produktion. A&S erhält die Maschinen, im Gegenzug zieht die Bank 100 Euro vom A&S-Konto ab und bucht sie auf das Maschinenbauer-Konto. Die Forderung über 100 Euro wechselt damit die Stelle: Erst hatte A&S an die Bank einen Anspruch auf Auszahlung von 100 Euro, nun hat der Maschinenbauer diesen Anspruch an die Bank. Im nächsten Schritt kauft der Maschinenbauer Rohstoffe. Damit erhält er die Rohstoffe, im Gegenzug wechseln die 100 Euro von seinem Konto auf das des Rohstofflieferanten. Nun hat dieser Anspruch auf

10 Vollständig verlassen sich Banken natürlich nicht auf die Rückzahlung der Kredite. Daher verlangen sie von den Kreditnehmern auch Sicherheiten. Zudem hält die Bank Reserven für den Fall, dass Kredite ausfallen. Aber Sicherheiten und Reserven decken nie 100 % der vergebenen Kredite ab.

Auszahlung von 100 Euro an die Bank. Es stellt sich die Frage: Was vermittelt hier Käufe und Verkäufe, womit wird gezahlt? Streng genommen nicht mit Geld, denn bei den gebuchten 100 Euro handelt es sich bloß um ein Zahlungsversprechen der Bank, also um eine Summe, die sie den Einlegern (am Ende dem Rohstofflieferanten) schuldet. Die Unternehmen aber akzeptieren diese Zahlungsversprechen der Bank als Zahlung – sie sehen das Geld ja auf ihrem Konto und gehen davon aus, dass die Bank es liefern kann. Erst wenn eines von ihnen wirkliches Geld – Bargeld – sehen will und zum Geldautomaten geht, muss die Commerzbank liefern. Und dieses Geld hat sie oft nicht, sondern muss es sich erst besorgen, indem sie es sich bei anderen Banken oder der Zentralbank (siehe Kapitel 3: Der Staat als Garant des Bankensystems) leiht. Bis zum letzten kleinen Konsumenten funktioniert die Sache so. Jedes Mal, wenn wir online etwas kaufen oder im Supermarkt mit der EC-Karte bezahlen, wandern Zahlungsversprechen der Bank von einem Konto zum anderen. Solange die Bank ihre Zahlungsversprechen nicht einlösen und Bargeld herausgeben muss, bleibt dieses Bargeld bei der Bank und dient ihr als Grundlage dafür, immer neue Kredite zu vergeben und daran zu verdienen. So wird sie vom universellen Schuldner der Gesellschaft zum universellen Gläubiger der Gesellschaft.

Geldschöpfung der Banken

Bisher gesehen haben wir das Wunder, wie die Bank ihre Schulden bei den Einlegern in zinstragende Kredite und damit in ihr Kapital verwandelt und damit gleichzeitig die gesellschaftliche Zahlungsfähigkeit erhöht: Nach der Kreditvergabe können Kunde A *und* A&S jeweils über 100 Euro verfügen. Bis zu dieser Stelle haben wir noch angenommen, das Geschäft der Bank bestünde ausschließlich darin, dass sie sich 100 Euro leiht, dafür eventuell einen Zins zahlt, diese 100 Euro anschließend zu höherem Zins verleiht und die Zinsdifferenz kassiert. Sie wäre damit ein bloßer Vermittler von Geldsummen, eine Geldumverteilungsstelle. Selbst dieses Geschäft würde auf einer doppelten Spekulation beruhen: zum einen darauf, dass die Kreditnehmer ihre Kredite auch bedienen können; zum anderen darauf, dass die Bank ihre Schulden bei den Einlegern und Sparern begleichen kann – und dass Einleger und Sparer genau darauf vertrauen, obwohl die Bank das Geld gar nicht hat. Doch die Bank kann mehr, als sich bloß Geld von Kunde A leihen und die gleiche Summe an A&S weitergeben – viel mehr. Sie kann Unmengen von Zahlungsfähigkeit schöpfen, sie quasi aus eigener Kraft auf die Welt bringen.

Das eigentliche Kerngeschäft der Banken – die Schöpfung von Zahlungsfähigkeit in Form von Buchgeld – ist ein komplizierter Vorgang. Die Deutsche Bundesbank erklärt ihn so: »Neues Buchgeld schaffen die Banken, wenn sie Kredite vergeben. Ein Beispiel: … Die Bank gewährt Herrn Müller einen Kredit. Den Kreditbetrag schreibt sie auf seinem Konto gut. Sein Guthaben nimmt zu. Die Bank hat neues Buchgeld geschaffen. *Zuvor eingeworbene Spareinlagen benötigte sie hierfür nicht*« (Hervorhebung SK/AM), schreiben die Bundesbanker[11] und stellen klar: »Das widerlegt einen weitverbreiteten Irrtum, wonach die Bank im Augenblick der Kreditvergabe nur als Intermediär auftritt, also Kredite lediglich mit Mitteln vergeben kann, die sie zuvor als Einlage von anderen Kunden erhalten hat.«[12]

Kehren wir zu unserem Beispiel zurück: Nehmen wir an, die Bank verleiht 100 Euro an A&S, das damit sein Geschäft vorantreiben kann. Diese Kreditvergabe an A&S geschieht über eine Buchung, die davon unabhängig ist, ob sich 100 Euro im Tresor der Bank befinden oder nicht. Sie schreibt schlicht 100 Euro auf das A&S-Konto gut, ohne dass diese 100 Euro zuvor irgendwo existiert hätten: Sie schöpft neue Zahlungsfähigkeit, mit der A&S nun Rechnungen begleicht. Durch dieses Wunder der Geldschöpfung existieren die 100 Euro nun erstens als Guthaben bei A&S, das es investieren kann – sie werden zum Kapital von A&S. Und gleichzeitig existieren sie als zinstragende Forderung bei der Bank als ihr Kapital, das sich um den Zins vermehrt. Wie schon bei der Darstellung des Kredits angedeutet agiert die Bank hier so, als ob sie sicher sei, dass A&S in Zukunft den Kredit inklusive Zins zurückzahlen wird. Auf dieser spekulativen Grundlage verbucht sie sich die geschöpften und verliehenen 100 Euro plus Zins als Vermögen. Aus einer Absichtserklärung wird so echter finanzieller Reichtum, aus ungewisser Zukunft wird sichere Gegenwart.

11 https://www.bundesbank.de/de/service/schule-und-bildung/erklaerfilme/wie-entsteht-geld-teil-ii-buchgeld-613628.

12 https://www.bundesbank.de/de/aufgaben/themen/wie-geld-entsteht-665288.

Darin besteht das wirkliche Geschäft der Bank: Sie möchte nichts anderes, als ihr Kapital, ihr Vermögen vergrößern. Und das passiert eben, wenn sie Kredite vergibt und damit zinstragende Forderungen gegen Kreditnehmer produziert. Anders als zu Beginn dieses Kapitels nahegelegt, ist sie bei der Kreditvergabe nicht beschränkt auf die Summen, die Kunden bei ihr deponiert haben. Davon macht sie sich ein gutes Stück frei und kreiert Massen neuer Zahlungsfähigkeit. Sie vergibt Kredite an A&S, Beko, Bosch, an den Staat und an private Haushalte, schöpft darüber neues Buchgeld, das nichts weiter ist als Zahlungsversprechen der Bank: Kreditgeld. Sie potenziert damit die gesellschaftliche Zahlungsfähigkeit, schafft immer neue Einlagen, Guthaben, Forderungen und gleichzeitig immer neues Kapital für sich, an dem sie per Zins zu verdienen hofft. Sie knüpft Ketten von Zahlungsverpflichtungen und behandelt dabei diese Zahlungsversprechen weitgehend so, als wären sie so gut wie eingelöst. Die Bank schöpft Zahlungsfähigkeit auf Basis der Erwartung, dass die Geschäfte ihrer Kunden erfolgreich sein werden und sie auf einen Teil dieses Erfolgs Anspruch hat. Bei all dem handelt es sich um das ganz normale, als solide geltende Kreditgeschäft der Bank. Mit seiner Darstellung soll deutlich werden, wie spekulativ das gesamte Wirtschaftsgeschehen hier geworden ist – noch bevor Aktien und hochriskante Derivate auftauchen, noch bevor an der Börse Milliardensummen hin- und hergehandelt werden (siehe Kapitel 4).

An dieser Stelle eine Einschränkung: Banken können zwar per Kreditvergabe neue Zahlungsfähigkeit schöpfen, die auf Erwartungen beruht. Das bedeutet jedoch nicht, dass sie beliebig viele Kredite vergeben können. In der Realität sind sie bei der Schaffung von Zahlungsfähigkeit beschränkt. So müssen sie stets genug Bargeld vorrätig haben, um es bei Bedarf auszuzahlen. Der Gesetzgeber verlangt von ihnen das Halten einer Mindestreserve, die dazu dient, dass zumindest ein Teil wirklichen Geldes den Zahlungsversprechen der Banken gegenübersteht. Zudem müssen Banken eine gewisse Menge Eigenkapital halten. Es stellt eine Art Risikopuffer dar für den Fall, dass die Forderungen der Bank an Schuldner platzen und sie Verluste erleidet. Darüber hinaus betreiben Banken ein eigenes »Risikomanagement« – also Sicherungsgeschäfte mit anderen Finanzinstituten, die ihre Liquidität sichern und eventuelle Verluste abfedern. Dafür benötigen sie als verlässlich geltende Vermögensgegenstände, die sie vorhalten müssen. All dies beschränkt die Banken zwar in ihrer Freiheit der Kreditvergabe. Es ändert allerdings nichts an dem beschriebenen Geschäftsprinzip.[13]

Die weitreichenden Folgen der Fähigkeit der Bank zur eigenmächtigen Schöpfung von Zahlungsfähigkeit nochmal im Überblick:

Erstens: Der Zahlungsverkehr heutzutage wird nur zu einem kleinen Teil in Bargeld abgewickelt. Der al-

13 Im Bezug auf ihre Sicherungspuffer ist eine Bank in einem permanenten Widerspruch. Einerseits braucht sie die Reserven, damit ihre Geschäftspartner sie als verlässlich erachten. Andererseits sind diese Reserven für sie totes Kapital, an dem sie nicht verdient. Darauf nimmt auch der Gesetzgeber Rücksicht, indem er seine Reserve-Vorgaben nicht zu hoch ansetzt.

lergrößte Teil sind Überweisungen, also das Buchgeld der Banken. Was also als Zahlungsmittel in der Gesellschaft kursiert, sind im wesentlichen Zahlungsversprechen der Bank – ihre Schulden. Um das noch einmal klar zu machen: Diese Zahlungsfähigkeit existiert nicht getrennt vom Kreditgeschäft der Bank, sie »hat« nicht eine Million Euro im Tresor und verleiht sie, was spekulativ genug wäre. Sondern die als Buchgeld existierende Zahlungsfähigkeit der ganzen Gesellschaft wird allein geboren aus der Spekulation auf erfolgreiche Kreditvergabe. Sie wird geschaffen als Vorgriff auf erfolgreiche Geschäfte. Die Deutsche Bundesbank sieht hierin kein besonderes Risiko: »Wie viel Buchgeld können Banken schaffen? Wie bereits beschrieben entsteht Buchgeld zum großen Teil durch Kreditvergabe. Ein Unternehmen nimmt aber nur dann einen Kredit auf, wenn es Investitionsprojekte hat. Und wenn die erwarteten Erträge hoch genug sind, die geforderten Kreditzinsen zu erwirtschaften.«[14] Auch die als Hort der Stabilität geltende Bundesbank geht also davon aus, dass im Moment der Kreditvergabe der Rückfluss sicher ist – andernfalls würde das Unternehmen doch keinen Kredit nehmen!

Zweitens: Ihre Freiheit zur Schöpfung von Zahlungsmitteln versetzt die Bank in die Lage, eine lange Kette von Zahlungsverpflichtungen zu knüpfen, an denen sie jeweils verdient, indem sie Zinsen kassiert.

14 https://www.bundesbank.de/de/service/schule-und-bildung/erklaerfilme/wie-entsteht-geld-teil-ii-buchgeld-613628.

Was sie ausleihen kann, ist nicht mehr beschränkt auf eine fixe Summe, die sie hat oder sich geliehen hat. Die Grenze für ihre Kreditvergabe besteht – neben einigen gesetzlichen Vorgaben – nur noch in der Menge an Geschäften, die sie als lohnend erachtet, sprich: von denen sie erwartet, dass sie ihr Zinseinnahmen bringen.[15] Das bedeutet: Für Geschäftsvorhaben, die glaubhaft Profit versprechen, ist heutzutage immer Kredit da. »Unendlich sind die Geldschöpfungsmöglichkeiten der Geschäftsbanken nicht«, schränkt die Bundesbank zwar ein.[16] Sie sind aber riesig.

Drittens: Was die Bankbranche »produziert«, ist keine beliebige Ware wie Autos oder Smartphones und keine Dienstleistung wie Frisuren oder Taxifahrten. Was sie schöpft, ist das Mittel des kapitalistischen Wirtschaftswachstums überhaupt: Zahlungsfähigkeit. Diese Zahlungsfähigkeit teilt sie über Kredite zu, immer nach ihren zwei Kriterien: Rendite und Sicherheit des Rückflusses. Verweigert sie den Kredit, dann unterbleiben Geschäfte. Vergibt sie Kredit, stößt sie realwirtschaftliche Produktion erst an, auf deren Gelingen sie spekuliert. Dies hat dem Kredit den Ruf eingetragen, der »Blutkreislauf« der Wirtschaft zu sein.

Damit verschiebt sich *viertens* vollends die Hierarchie zwischen Finanz- und sogenannter Realwirtschaft: Zu Beginn von Kapitel 2 stand die A&S GmbH, die sich Geld leiht, Haushaltsgeräte produziert, einen Gewinn

15 »Was ist ein Einbruch in eine Bank gegen die Gründung einer Bank?« – diese rhetorische Frage von Bertolt Brecht ist sicherlich berechtigt.

16 https://www.bundesbank.de/de/aufgaben/themen/wie-geld-entsteht-665288.

macht und davon der Bank etwas abgibt in Form des Zinses – hier ist der Kredit Hilfsmittel der Kapitalistin. Aus der Sicht der Bank wiederum sind die von ihr geschöpften und an A&S verliehenen Summen sich verwertendes Geldkapital, ihr zinsbringendes Vermögen. Um dieses Vermögen zu vermehren, vergibt sie immer mehr Kredite und stattet so die Gesellschaft mit immer neuer Zahlungsfähigkeit aus, die zuvor nicht existiert hatte. Ihr letztes Ziel dabei ist nicht die Rückzahlung der Kredite, sondern das permanente Verleihen gegen Zins, also die Schaffung von finanziellen Mitteln als Vorgriff auf noch zu erwirtschaftenden Reichtum. Das bedeutet: Der wirtschaftliche Erfolg von Kreditnehmern wie A&S hat nur noch die Funktion, die von den Banken geschöpfte, gesellschaftliche Zahlungsfähigkeit in ihrem »Wert« zu bestätigen, ihre Existenz quasi im Nachhinein zu rechtfertigen. Daraus folgt: Wenn die Geschäfte von A&S misslingen, es den Kredit nicht zurückzahlen kann und die Bank pleite geht, dann verschwinden mit ihr all die Buchgeld-Guthaben auf den Konten ihrer Einleger.[17] Denn die von den Banken eingegangenen Zahlungsverpflichtungen wie auch ihre geschöpfte Zahlungsfähigkeit beruhen allein darauf, dass die kreditierten Geschäfte immer weitergehen und aufgehen, also auf dem permanenten erfolgreichen Geschäftsgang.

17 Das Bankengewerbe unterhält zwar einen Einlagensicherungsfonds, mit dem es gemeinsam Kundeneinlagen vor Pleiten schützt. Diese Sicherung der Einlagen gilt aber erstens nur bis zu einer bestimmten Summe pro Einleger. Zweitens ist der Fonds nicht groß genug, dass er die Pleite einer Großbank oder vieler Banken auffangen könnte.

Die Bank hängt also in ihrer Existenz *fünftens* davon ab, dass sie zum einen gute Schuldner findet, die Profite machen und das Kapital der Bank vermehren. Zum anderen hängt sie davon ab, dass sie stets Adressen findet, die ihr Geld anvertrauen und nicht abziehen. »Vertrauen ist der Anfang von allem«, warb einst die Deutsche Bank. Dieses Vertrauen der Bank-Gläubiger wiederum ist letztlich abhängig von ihrer Erwartung, wie gut das Geschäft der Bank laufen wird, als wie gut sich also ihre Schuldner erweisen werden.[18]

Die Möglichkeit einer Kettenreaktion, die wir schon im zweiten Kapitel angesprochen haben, wird hier noch deutlicher: Wenn die Schuldner der Bank pleite gehen, macht die Bank Verluste. Das nährt das Misstrauen der Gläubiger der Bank, sie ziehen ihre Kredite zurück und holen das Geld ab, das sie auf den Konten haben. So viel Geld, um alle zu bedienen, hat die Bank aber nicht. Sie kann dann versuchen, eigene Vermögenswerte – Forderungen – zu verkaufen oder zu beleihen, und sich so echtes Geld zu besorgen. Doch damit nährt sie im Krisenfall nur das Misstrauen gegen sich. Denn muss die Bank ihre Notfallreserven anzapfen, gibt sie praktisch zu, dass der Notfall eingetreten ist. In der Folge plündern Einleger erst recht ihre Konten und wollen echtes Geld sehen, das die Bank nicht hat – ein *Bank run* ist das Ende jedes Kreditinstituts. Die

18 Das Geschäftsmodell der Bank steht also auf luftigem Grund. Angemerkt sei hier: Auch der letzte, harte »Sicherheitspuffer« einer Bank, ihr Eigenkapital, besteht nicht aus Euro-Banknoten oder Goldbarren, sondern ebenfalls zum Großteil aus Forderungen an ihre Kreditnehmer – allerdings aus solchen, die als besonders »sicher« gelten.

Pleite der Bank reißt andere Banken mit sich, die mit dieser Bank Geschäfte gemacht hatten. Sie kündigen daraufhin Unternehmen und Haushalten die Darlehen, verlangen Rückzahlung … und es wird offensichtlich, dass das ganze System nur auf Erwartungen laufender Geschäfte beruht hat (siehe Kapitel 4). Die Pleite einer Bank kann eine Krise verallgemeinern, weswegen das Finanzgewerbe von der Politik stets als »systemrelevant« eingestuft wird. Die Klage aus der vergangenen Finanzkrise »Für Bankenrettungen sind Milliarden da, für die Rettung der Menschen aber nicht« ist moralisch berechtigt, aus der Perspektive des kapitalistischen Systems aber nicht: Die Armut der Menschen gefährdet nicht den Bestand des Systems, solange die Armen nicht rebellieren.

Der Staat als Garant des Bankensystems

Da das Bankensystem auf Spekulation beruht, scheint weniger das Eintreten von Krisen verwunderlich, sondern eher seine relative Stabilität. Ganz so verwunderlich jedoch ist diese Stabilität nicht. So schnell geht eine Bank nicht unter. Denn sie hat den Großteil der gesellschaftlichen Zahlungsfähigkeit bei sich zentralisiert – sie hat unzählige Schuldner und Gläubiger. Die Pleite einzelner Kreditnehmer oder das Misstrauen einzelner Gläubiger kann sie also verkraften. Zudem hat sie sich bei ihrer Kreditvergabe Zugriff auf Vermögensgegenstände der Kreditnehmer gesichert für den Fall, dass diese ihren Verpflichtungen nicht nachkommen können: Wer sich Geld leihen will, muss Sicherheiten vorlegen, zum Beispiel die eigene Wohnung, ein gesichertes Einkommen oder Wertpapiere.[19]

Letzte Basis des Bankensystems ist aber der Staat. Grundsätzlich basiert das Geschäftsmodell der Banken auf der staatlichen Rechtsgarantie, also darauf, dass Schulden auch immer bedient werden müssen. Dies setzt der Staat durch Gesetze, Gerichte, Polizei und Gerichtsvollzieher durch, darauf können sich die Banken verlassen, sie müssen nicht wie Mafia-Bosse Geldeintreiber aussenden. Zudem schränkt der Staat über Regulierungen die Geschäfte der Bank ein und versucht so zu erreichen, dass sie nur gute Kredite vergibt und schlechte verweigert. Schon an dieser Stelle ist allerdings klar, dass dies durch gesetzliche Regelungen nicht zu erreichen ist – den Geschäftserfolg einer Spekulation kann man nicht gesetzlich festschreiben. Für den Notfall jedoch existiert ein weiterer Sicherungsmechanismus: Geht die Spekulation massenhaft schief, so retten Regierungen strauchelnde Kredithäuser oft mit eigenem Geld. In großem Maßstab geschah dies in der Finanzkrise ab 2007. Während der sogenannten Bankenrettung nahmen Staaten hunderte von Milliarden an Krediten auf, um das Misslingen der Spekulationsgeschäfte zu kompensieren. De facto ersetzten sie so die faulen Kredite der Banken durch solide staatliche Schulden: Staatsanleihen (siehe Exkurs »Die Doppel-

19 Ganz sicher sind diese Sicherheiten jedoch nie, da ihr Wert selbst von den Marktbewegungen abhängt. So können sich Wertpapiere und selbst Immobilien schnell entwerten, was die Banken in Bedrängnis bringen kann – so wie 2008 in der großen Finanzkrise (siehe Kapitel 8).

rolle des Staates in Kapitel 4). Die implizite Rettungsgarantie des Staates ist eines der Fundamente, das das Vertrauen in die Banken stärkt.

Wichtigste staatliche Stütze des Finanzgewerbes jedoch ist in Normal- wie in Krisenzeiten die Zentralbank.[20] Sie kann – im Gegensatz zu Privatbanken – echtes Geld schöpfen, zum Beispiel, indem sie Euro-Banknoten druckt oder es an die privaten Geschäftsbanken überweist. Diese Versorgung mit Zentralbankgeld geschieht im Wesentlichen über zwei Wege. Entweder verleiht die Zentralbank ihr Geld gegen Zinsen an die Geschäftsbanken – im Gegenzug müssen die Geschäftsbanken bei ihr Wertpapiere als Sicherheit hinterlegen, zum Beispiel Staatsanleihen. Oder die Zentralbank kauft den Geschäftsbanken Wertpapiere ab und überweist ihnen das Geld. Da die Zentralbank dazu ermächtigt ist, wirkliches Geld zu schöpfen, ist sie immer zahlungsfähig und kann nie pleite gehen. Sie kann die Banken also jederzeit stützen. Vor allem durch seine Zentralbank agiert der Staat als letzter Finanzier des Bankgewerbes, als »Kreditgeber der letzten Instanz«.

Allerdings: Die Zentralbank gibt den Geschäftsbanken ihr Geld im Gegenzug für Wertpapiere – indem sie sie kauft oder sie als Sicherheiten für ihre Kredite akzeptiert. Bei diesen Sicherheiten handelt es sich um Vermögenstitel der Geschäftsbanken, also um Forderungen, die sie gegen Staaten, Haushalte oder Un-

20 Zur Funktion und Arbeitsweise einer Zentralbank siehe: Dell'Aquila, Dario / Kaufmann, Stephan / Milios, Jannis: Black Box EZB. https://www.rosalux.de/publikation/id/7873/blackbox-ezb/.

ternehmen hat. Das bedeutet: Wenn die Zentralbank echte Euros »druckt« und sie im Tausch gegen Sicherheiten der Geschäftsbanken herausgibt, dann verlässt sich die Zentralbank bei der Ausgabe von echten Euros darauf, dass die Forderungen der Geschäftsbanken an Kreditnehmer solide sind. Auch die Zentralbank geht also bei der Ausgabe von echtem Geld davon aus, dass die von den Banken finanzierten Geschäfte erfolgreich sein werden. Das bedeutet: Zu Beginn, bei der Geburt jedes Euro, steht die Spekulation auf profitable Geschäfte, also auf profitable Schuldner, also letztlich darauf, dass die Arbeitnehmer den Unternehmen einen Profit erwirtschaften, aus dem Zins und Rückzahlung des Kredits geleistet werden können.

Der nächste Schritt

In den vorangegangenen Abschnitten sollte erklärt werden, wie die kapitalistische Produktion Stück für Stück die Spekulationsleiter hinaufklettert. Zu Beginn steht ein Unternehmen wie A&S, das sein Geld investiert, um seinen Profit zu maximieren. Schon diese Investition beruht auf einer Erwartung gelingender Geschäfte. Doch dieses Gelingen ist nicht garantiert, im Gegenteil: Auf dem Markt trifft A&S auf Konkurrenten mit dem gleichen Anliegen, alle machen sich gegenseitig den Erfolg streitig. Im Endeffekt kennt der Wettbewerb immer Gewinner und Verlierer, die untergehen.

Um sein Wachstum voranzutreiben, nutzen A&S und seine Konkurrenten den Kredit. Zu ihrer Spekulation auf Geschäftserfolge gesellt sich also die Spekulation der Kreditgeber. Eine Pleite von A&S bliebe unter Umständen nicht auf A&S beschränkt, sondern zöge seine Gläubiger mit.

Die Rolle des gesellschaftlichen Schuldners und Kreditgebers hat das Bankengewerbe bei sich zentralisiert. Es verfügt allerdings nicht bloß über brachliegende Geldsummen, die es an Kreditnehmer ausleiht. Die Bank »schafft« neue Zahlungsfähigkeit, die allein aus der Spekulation geboren wird und mit ihrem Erfolg steht und fällt. Eine Pleite von A&S kann also nicht bloß einen einzelnen Gläubiger mit in den Abgrund reißen, sondern eine ganze Bank und dadurch eine Kettenreaktion auslösen.

Mit ihrer Kreditvergabe schafft die Bank Zahlungsfähigkeit – Buchgeld – als Vorgriff auf künftig zu erwirtschaftenden Reichtum. Der ist zwar noch gar nicht produziert, die Bank behandelt ihn aber bereits heute als ihr Vermögen in ihren Büchern: als Anrecht auf einen kommenden Geldertrag. Da ist es nur noch ein kleiner Schritt, dieses Vermögen zu einem eigenen Produkt zu machen. Die Anrechte auf Gelderträge verlassen die Bücher der Bank und werden zu Handelsobjekten an der Börse: Anleihen und Aktien.

4. Der Finanzmarkt oder: Spekulation auf höchster Stufenleiter

Die Börse wird zuweilen auch Finanz-, Kapital- oder Wertpapiermarkt genannt. Gehandelt werden auf diesen Märkten sogenannte Wertpapiere, auch wenn sie nicht mehr in Papierform vorliegen und ihr Wert eine fragliche Sache ist. Zusammen mit den Krediten der Banken bilden sie den Großteil dessen, was unter Finanzkapital verstanden wird. Ihren Wert – genauer: Preis – beziehen diese Papiere aus der Tatsache, dass sie Rechtsansprüche auf kommende Geldströme sind. Der Preis, den man für diese künftigen Geldströme zahlen muss, ist das Ergebnis des Börsenhandels. Was geschieht dort?[21]

Die Akteure: der Finanzsektor

Am Börsengeschehen sind verschiedene Akteure beteiligt, die Wertpapiere kaufen und verkaufen. Wir nennen sie Börsianer, Anleger oder Investoren. Sie teilen sich in zwei Gruppen. Die erste besteht aus sogenannten *Privatanlegern*, also natürlichen Personen. Sie unterscheidet sich grob in wenige Wohlhabende, die große Summen zur Verfügung haben und von ihren Börsenerträgen leben können.[22] Ihnen gegenüber steht die Masse der Kleinanleger oder Sparer, die von ihrem

21 Hier werden zunächst Aktien, Anleihen und Derivate besprochen. Die speziellen Anlagekategorien Staatsanleihen und Immobilien folgen in zwei Exkursen gegen Ende dieses Kapitels.

22 Den reichsten 10% der Haushalte gehören, je nach Land, zwischen 50% und 80% des gesamten Vermögens. In Deutschland sind es, je nach Schätzung, 55% bis fast 70%.

Arbeitslohn leben und für die der Finanzmarkt eine zusätzliche Einkommensquelle ist, etwa für die private Altersvorsorge.

Der Großteil des Aktiengeschäfts wird allerdings nicht von den Privatanlegern betrieben, sondern von der zweiten Gruppe, den sogenannten *institutionellen Investoren*. Dies sind Investmentfonds, Pensionsfonds, Banken, Versicherungen oder Vermögensverwaltungsgesellschaften, die Gelder von ihren Kunden einsammeln und an der Börse investieren. Sie sind die mächtigen Spieler im Markt – der größte Vermögensverwalter der Welt, die US-Gesellschaft Blackrock, verwaltet rund sieben Billionen Dollar an Anlegergeldern. Während die meisten Privatanleger investieren, um die Erträge zumindest teilweise zu konsumieren, ist für den institutionellen Investor die Vermehrung des Geldes der Endzweck seines Handelns. Er investiert nicht, um später zu konsumieren, sondern er legt Geld an, um es zu vermehren und das vermehrte Geld abermals zu vermehren – die endlose Bewegung, die wir bereits kennen.

Das Material der Spekulation

Anleihen

Trennen wir uns jetzt vom Beispiel der A&S GmbH und nehmen stattdessen einen Konzern, zum Beispiel VW. Der Konzern will sich Geld leihen. Statt einen Kredit bei der Bank zu nehmen, kann das Unternehmen auch einen Schuldschein verkaufen, eine sogenannte Anleihe. Dieser Schuldschein läuft über einen bestimmten

Zeitraum – sagen wir ein Jahr – und hat einen festgelegten Zins, sagen wir 1%. Wenn VW eine Anleihe über 1 Million Euro an der Börse verkauft, dann erhält es die Million zur freien Verfügung. Der Käufer der Anleihe wird zum Gläubiger von VW und erhält dafür den Schuldschein, also einen Vermögenswert. Die Million hat sich damit verdoppelt, sie existiert bei VW und beim Gläubiger. Ihm bringt die Anleihe 10.000 Euro Zinsen (1% von 1 Million), und am Ende der Laufzeit erhält er die Million zurück. Zudem kann er die Anleihe auch jederzeit an der Börse weiterverkaufen. Einen Preis hat die Anleihe auf Basis der Erwartung, dass VW im nächsten Jahr einen Gewinn erzielt, aus dem es Zinsen und Rückzahlung leisten kann. Mit der Ausgabe des Schuldscheins ist der vorweggenommene Geschäftserfolg des Schuldners VW zu einem handelbaren Ding geworden, das schon heute einen Preis hat, obwohl es auf künftigen Geschäften basiert. Von derartigen Papieren gibt es eine ganze Menge: Der globale Anleihenmarkt hatte Anfang 2020 ein Volumen von über 115 Billionen Dollar, das ist etwa ein Drittel mehr als die Weltwirtschaftsleistung eines Jahres.

Aktien

Statt oder neben einer Anleihe kann VW aber auch neue Aktien anbieten. Anders als bei einer Anleihe oder einem Bankkredit muss VW das Geld, das es beim Aktienverkauf einnimmt, aber nicht wieder zurückzahlen. Wenn VW Aktien über eine Million Euro verkauft, fließt ihm das Geld zu, das der Autobauer in neue Fabriken oder Anlagen oder Lohnzahlungen steckt – die Million »wirkt« im Unternehmen, wo sie sich verwertet. Getrennt davon existiert die Million gleichzeitig als Aktie in der Hand des Geldgebers. Er wird durch ihren Erwerb zum Aktionär von VW und damit zum Mit-Eigentümer des Unternehmens. Dieses Eigentumsrecht ist allerdings sehr beschränkt: Der Aktionär kann sein Geld nicht wieder aus dem Konzern herausziehen. Stattdessen erhält er erstens das Recht, einmal im Jahr bei der Hauptversammlung der Aktionäre über die Geschäftsstrategie des VW-Managements abzustimmen. Zweitens erhält er das Anrecht auf einen bestimmten Anteil des jährlichen VW-Gewinns: die Dividende. Anders als beim Zins ist die Höhe der Dividende jedoch nicht vorab festgelegt, sondern hängt davon ab, wie viel Gewinn VW im Jahr macht und welcher Anteil davon an die Aktionäre ausgeschüttet wird.

Drittens kann der Aktionär seinen VW-Anteilsschein jederzeit an der Börse weiterverkaufen und versuchen, teurer zu verkaufen als er gekauft hat. Der Handel mit Aktien ist ein riesiger Markt: Anfang 2020 belief sich das Volumen der globalen Aktienmärkte auf 74 Billionen Dollar. Mit dem Handel dieser Eigentumstitel erreichen wir eine weitere Stufe der Spekulation: Die ursprüngliche Million ist nicht nur im Unternehmen angelegt, sondern hat sich verdoppelt und führt als Wertpapier ein eigenes Leben an der Börse. Ganz unabhängig ist dieses Eigenleben allerdings nicht. Denn der Preis der Aktie basiert auf der Annahme, dass VW in Zukunft einen Gewinn erzielen wird.

Eine Anmerkung zu den Banken: Sie sind an allen Stellen des Finanzmarkts tätig. Sie helfen Unternehmen bei der Konstruktion und Ausgabe von Anleihen, sie bringen Unternehmen per Aktienemission an die Börse, handeln Wertpapiere im Auftrag ihrer Kunden und auf eigene Rechnung. Gleichzeitig aber geben sie auch selbst Aktien und Anleihen aus, um Anlegergelder einzusammeln und diese zu investieren. Käufer von Bankaktien und -anleihen spekulieren also auf ein erfolgreiches Bankgeschäft. Dieser Erfolg wiederum hängt davon ab, dass die Schuldner der Bank gute Geschäfte machen und dass die Gläubiger der Bank ihr dauerhaft vertrauen (sihe Kapitel 3). Eine Bankaktie oder -anleihe ist demnach die Spekulation auf ein Geschäft, das seinerseits auf Finanzspekulation beruht.

Der Preis (oder Kurs) der Wertpapiere ergibt sich aus ihrer ständigen Bewertung durch die Anbieter und Nachfrager an der Börse. Erst hier beginnt nach landläufiger Meinung die wirkliche Spekulation. Nach welchen Regeln läuft diese Bewertung ab?

Der Börsenhandel

Bei ihrer Bewertung stellen die Börsenhändler einen permanenten Vergleich der Wertpapiere an. Durch diesen Vergleich werden alle Wertpapier-Preise voneinander abhängig. Ein vereinfachtes Beispiel: VW gibt eine Anleihe über 1 Million Euro und 1% Zins (= 10.000 Euro) aus. Am Tag danach gibt Renault ebenfalls eine Anleihe über 1 Million Euro aus, allerdings mit einem Zins von 2% (= 20.000 Euro). Damit entwertet sich an der Börse schlagartig die VW-Anleihe, denn sie bringt auf 1 Million nur 10.000 Euro Zins, die Renault-Anleihe dagegen das Doppelte. Will der Anleihehalter die VW-Anleihe vor Ende ihrer Laufzeit an der Börse verkaufen, muss er sie zum halben Preis anbieten. Denn nur bei einem Preis von 500.000 Euro entspricht der Zinsertrag der VW-Anleihe der Rendite der Renault-Anleihe, nämlich 2%.[23]

An der Börse werden nicht nur Anleihen untereinander verglichen, sondern auch Aktien mit Anleihen. Noch ein Beispiel: Der Zins für eine sichere Geldanlage – sagen wir eine Anleihe des Staates – beträgt 1%, also 10.000 Euro für 1 Million Euro. Nun schüttet VW einen Teil seines Gewinns an seine Aktionäre aus, sagen wir 20.000 Euro auf Aktien mit einem Wert von 1 Million. Das entspricht 2% Rendite. Das bedeutet: Die Million in VW-Aktien hat eine doppelt so hohe Rendite wie die Staatsanleihe. Und daraus folgt gemäß Anlegerlogik: Die VW-Aktien sind an der Börse doppelt so hoch bewertet wie Staatsanleihen, nämlich mit 2 Millionen Euro. Diese Operation nennt man Kapitalisierung: Vom Ertrag eines Wertpapiers wird zurückgeschlossen auf seinen Preis. In der Folge hängt der Preis eines Wertpapiers nicht nur von der Geschäftsentwicklung des Unternehmens ab, sondern ebenfalls vom Vergleich mit anderen Wertpapieren. Für Aktien gilt dann: Ihr Preis ist umso höher, je höher die Rendite in Relation zum üblichen Zinssatz ist. Weil also

23 In dem Beispiel ist unterstellt, dass die Anleger das Risiko bzw. die Kreditwürdigkeit von VW und Renault gleich bewerten.

mehr Kapital erforderlich wäre, um über Zinseinnahmen dieselbe Rendite wie die Aktie zu erzielen, lässt ein sinkendes Zinsniveau Aktien steigen.[24]

An der Börse werden die Wertpapiere nicht nur laufend miteinander verglichen auf Basis ihrer Zins- und Dividendenzahlungen. Dort geht es um *künftige* Zins- und Dividendenversprechen. Denn viele Finanzinvestoren kaufen sich nicht eine VW-Aktie, um abzuwarten und die Dividende zu kassieren. Sondern sie kaufen die Aktie, weil sie erwarten, dass der Kurs steigen wird und sie die Aktie dann zu einem höheren Kurs verkaufen können. Oder aber sie verkaufen die Aktie, weil sie erwarten, dass ihr Kurs sinken oder sich schlechter entwickeln wird als der anderer Aktien. Die Wertpapierhändler treten also permanent mit gegensätzlichen Erwartungen auf dem Markt auf: Die einen erwarten einen relativ schlechten Kursverlauf und verkaufen die Aktie, die anderen erwarten einen relativ guten Kursverlauf und kaufen. Aus den entgegengesetzten Spekulationen ergibt sich ein steigender oder fallender Aktienkurs. Und das bedeutet: Aus bloßen Erwartungen resultieren Zu- oder Abnahme realen Reichtums.

In den Worten der französischen Großbank Société Générale ergibt sich der »innere Wert« eines Wertpapiers aus dem »Wert der antizipierten künftigen Erträge«. Es

24 So erklärte sich Anfang 2020 das Rekordhoch am Deutschen Aktienmarkt. Zwar waren die Gewinne der börsennotierten Unternehmen gesunken. Gleichzeitig aber waren die Zinsen auf Anleihen extrem niedrig, was Aktien im Vergleich mit Anleihen attraktiver machte.

geht also um die Zukunft. Die Börsianer müssen daher prognostizieren, wie sich das Geschäft von VW entwickeln wird. Hier eröffnet sich das weite Betätigungsfeld für Aktienanalysten, die alle möglichen Daten zu Rate ziehen: die künftige Entwicklung der Konjunktur, der Rohstoffpreise, der Steuerpolitik, der Arbeitslosigkeit oder der Wechselkurse. Bedeuten Absatzrückgänge bei Renault einen Vorteil für den Konkurrenten VW? Oder lassen die Absatzrückgänge von Renault auf eine schlechte Autokonjunktur schließen, unter der auch VW leiden wird? Bedeutet eine sinkende Arbeitslosigkeit eine bessere Konjunktur und daher bessere Aussichten für VW? Oder folgen auf eine bessere Konjunktur höhere Zinsen, was den VW-Aktienkurs sinken lassen wird, weil höhere Zinsen Anleihen im Vergleich mit Aktien attraktiver machen? Werden Spannungen im Nahen Osten die Ölpreise steigen oder im Gegenteil sinken lassen? Wird die Chemie-Konjunktur besser laufen als die Autokonjunktur, weswegen man seine Autoaktien in Chemieaktien tauschen sollte? All dies sind Fragen, mit denen sich die Profis des Geschäfts beschäftigen, aus denen sie die weitere Entwicklung des VW-Aktienkurses und damit ihre Kauf- oder Verkaufentscheidung ableiten.

Doch die Sache wird noch komplizierter. Denn für einen Börsenhändler kommt es weniger auf seine eigenen Erwartungen an, sondern auf die Erwartungen aller anderen Börsenhändler. Denn erst wenn sich unter ihnen die Ansicht durchsetzt, dass zum Beispiel die sinkende Arbeitslosigkeit gut für Aktien ist, werden am Markt auch höhere Preise für Aktien gezahlt, und nur dann lohnt sich ein Investment. Der Aktienhändler muss aus den wirtschaftlichen Daten also herauslesen, wie die Mehrzahl der anderen Aktienhändler diese Daten deuten wird. Bei dieser Operation stehen alle Marktteilnehmer einander gegenüber und belauern sich. Der Ökonom John Maynard Keynes hat dies mit einem Schönheitswettbewerb verglichen, bei dem es nicht darum geht, »jene auszuwählen, die nach dem eigenen Urteil wirklich die hübschesten sind, ja sogar nicht einmal jene, welche die durchschnittliche Meinung wirklich als die hübscheste betrachtet. Wir haben den dritten Grad erreicht, wo wir unsere Intelligenz der Vorwegnahme dessen widmen, was die durchschnittliche Meinung als das Ergebnis der durchschnittlichen Meinung erwartet.«[25]

Kommt zum Beispiel die Mehrheit der Börsenhändler zu dem Schluss, dass die Mehrheit der Börsenhändler einen Anstieg der VW-Aktie erwartet, kaufen sie VW-Aktien in der Hoffnung steigender Kurse. Dadurch steigt der Aktienkurs tatsächlich, die Erwartung der Erwartung wird Realität, und die Spekulation auf steigende Aktienkurse gibt sich selbst recht. Wie weit sich bei diesem Spiel der Aktienkurs von den ökonomischen Fundamentaldaten eines Unternehmens entfernen kann, zeigte der US-Elektroautobauer Tesla: An der Börse war Tesla Anfang des Jahres 2020 mit über 100 Milliarden

25 Keynes J. M.: Allgemeine Theorie der Beschäftigung, des Zinses und des Geldes. Berlin 2006, Seite 132f.

Dollar mehr wert als die beiden etablierten Autobauer Ford und General Motors zusammen. Zwar hatte Tesla bis dahin kaum je einen Gewinn erzielt. Doch die Börse ging offenbar von einer glänzenden Zukunft aus.[26]

Wertpapierhändler versuchen also, aus erwarteten Entwicklungen Geld zu machen. In diesem Geschäft ist Information alles. Die Anleger suchen daher permanent nach möglichst aktuellen Daten, die auf die Zukunft schließen lassen – es nützt ihnen wenig, wenn sie im Sommer 2020 erfahren, dass ein Unternehmen 2019 seinen Gewinn gesteigert hat. Sie brauchen zeitnahe Informationen, die oftmals aber noch nicht vorliegen. Daher spielen Erwartungsindikatoren für sie eine große Rolle. So befragt das Wirtschaftsforschungsinstitut Ifo monatlich tausende deutsche Unternehmen nach ihrer Geschäftslage und ihrer Einschätzung der nächsten sechs Monate. Aus den Antworten konstruiert das Institut den Ifo-Geschäftsklimaindex, den wichtigsten »Frühindikator« für die deutsche Konjunktur, der regelmäßig Aktienkurse auf- und abtanzen lässt. Andere Institute fragen zum Beispiel die Konsumentenstimmung ab. Das ZEW (Leibniz-Zentrum für Europäische Wirtschaftsforschung) wiederum befragt gar nicht mehr Unternehmen oder Konsumenten, sondern professionelle Finanzanleger selbst nach ihren Einschätzungen. Der daraus konstruierte ZEW-Index gilt ebenfalls als

26 »Mit einer Marktkapitalisierung von 100 Milliarden Dollar (...) ist der E-Autohersteller auch an Volkswagen vorbeigezogen. (...) Allein schon die Absatzzahlen der beiden Autohersteller verdeutlichen, dass die Tesla-Bewertung vor allem eines ist: Wette auf die Elektromobilität.« (FAZ, 24.1.2020).

Frühindikator. Dabei bildet er nicht einmal mehr die Erwartungen realer Unternehmen ab, sondern nur noch die Erwartungen der Börse selbst – die auf diese Erwartungen natürlich reagiert: Während die Wettervorhersage das Wetter des kommenden Tages nicht beeinflusst, bestimmen die Vorhersagen der Investoren die Börsenkurse.

Die Macht der Finanzmärkte

Die Aktie eines Unternehmens ist also dem Auf und Ab des Börsenhandels unterworfen. Diese Schwankungen sind das Problem des Aktionärs, sie wirken allerdings auf die Aktiengesellschaft zurück. Ein Beispiel: Zunächst berührt VW die Bewegung seiner Aktie nicht – es hat ja das Geld aus dem Aktienverkauf bereits und arbeitet damit. Sein Aktienkurs kann ihm aber nicht egal sein. Denn dieser Kurs spiegelt – wie verrückt auch immer – eine permanente Bewertung der VW-Aussichten durch die Börse wider. In ihm steckt ein Urteil der Märkte über VW als Renditequelle im Vergleich zu allen anderen Vermögensanlagen der Welt: zu US-Autobauern, chinesischen Computerkonzernen, brasilianischen Anleihen oder Öl-Derivaten. Aus diesem Vergleich ergibt sich der Aktienkurs. Und der Kursverlauf entscheidet darüber, ob und wie viel Geld VW von den Märkten erhalten kann, entweder durch die Aufnahme von Kredit oder durch die Ausgabe neuer Aktien. Stürzt der Kurs ab, ist die Kreditwürdigkeit von VW beschädigt und kein Investor will neue VW-Aktien erwerben.

Steigt er dagegen, steht VW gut da, kann Geld über den Verkauf neuer Aktien einsammeln oder günstig neue Kredite aufnehmen.

Ein Unternehmensmanagement muss sich also um die Anleger und ihre Stimmung kümmern. Das tut es, indem es regelmäßig Investorenkonferenzen abhält und sogenannte Gewinnwarnungen ausspricht; indem es zeitnahe Informationen – am besten monatlich – liefert; indem es hohe Gewinnanteile ausschüttet oder seinen Aktienkurs »pflegt«, etwa durch Rückkauf eigener Aktien, was ihren Kurs erhöht; oder indem es einen »Shareholder-Value-Ansatz« verfolgt, nämlich versucht, seinen Aktionären eine über dem Marktdurchschnitt liegende Rendite einzuspielen. Für letzteres muss es das Unternehmen gnadenlos auf Rendite trimmen, sich auf rentable Kernbereiche reduzieren, weniger rentable Bereiche abstoßen, Kosten senken und Personal einsparen – eben »effizienter« werden.

Auf diese Weise agiert das Finanzkapital – direkt oder indirekt – als Antreiber von Wachstum und Profit. Beschrieben wird dies häufig als »Finanzialisierung« der Unternehmen oder als »finanzdominierte Akkumulation«: Der Finanzsektor wird zur Steuerungsinstanz der Wirtschaft. Er lenkt Gelder dorthin, wo sie sich am stärksten vermehren und zwingt die Unternehmen zu dem, was sie ohnehin wollen: Maximalprofit non stop. Er fungiert damit als ideeller Gesamtinvestor der Gesellschaft, weswegen ihn der ehemalige Deutsche-Bank-Chef Rolf E. Breuer einmal als »die fünfte Gewalt« im Staat bezeichnete.

Die Börsenberichterstattung

Der Börsenhandel ist eine extrem luftige Veranstaltung. Das wissen auch die meisten Finanzjournalisten und Börsenberichterstatter. Dennoch stellen sie den Wertpapierhandel als etwas solides dar. In Sendungen wie »Börse vor Acht« erklären sie der normalen Bevölkerung vor den Bildschirmen, dass die Finanzmärkte zwar wild und ungebärdig sein mögen, letztlich aber dort die Vernunft regiert. Zu diesem Zweck macht die Börsenberichterstattung aus der Gesamtheit der Spekulanten ein Subjekt – die »Märkte« – das nachvollziehbar handelt, geradezu menschlich. So drückt an einem Tag die »Sorge um die Stabilität des Nahen Ostens« die Kurse. Tatsächlich haben zwar nur einige Anleger eine Krise in Iran zum Anlass genommen, Aktien billig zu verkaufen in der Annahme, andere Anleger würden das gleiche tun und dadurch die Kurse tatsächlich gedrückt. Versinnbildlicht wird dem Publikum diese Operation aber als Beschluss des Subjekts »Märkte«, das sich verständlicherweise Sorgen um die Zukunft mache. An einem anderen Tag führe die »Hoffnung der Märkte auf ein Ende des US-chinesischen Handelskriegs« zu »Optimismus« an der Börse und damit zu steigenden Kursen. Dann wieder »reagiert die Börse zufrieden auf gute Geschäftsergebnisse von VW«, was die »Kauflaune« befeuere. Gleichzeitig schauten die Märkte »mit Skepsis auf die Ankündigungen von Daimler«, was dazu führe, dass die Daimler-Aktie »abgestraft« werde. Börsenberichte funktionieren nach einem einfachen

Muster: Die Berichterstatter nehmen das Auf und Ab der Spekulation zur Kenntnis und machen sich daran, den Kurssprüngen einen Sinn abzulauschen. Sie folgen der gängigen Praxis, dem Börsenverlauf einen vernünftigen Grund zu geben, schlicht weil sie davon ausgehen, dass es einen vernünftigen Grund geben muss. So arbeiten sie daran, das Vertrauen der Bevölkerung in die Börse zu stärken: Die Börsianer spekulieren über die künftigen Börsenverläufe, und die Börsenberichterstatter spekulieren über die Gründe der Börsianer für die Spekulation.

Und die Börsenhändler selbst, glauben sie an die Vernunft der Märkte? Das bleibt ihnen selbst überlassen, für ihr Geschäft kommt es nicht darauf an. Für sie allein entscheidend ist der Glaube daran, dass die Spekulation einer bestimmten Logik, also bestimmten Mustern und Regelmäßigkeiten folgt. Denn nur dann scheint ihnen die Spekulation halbwegs berechenbar, und nur dann können sie halbwegs verlässliche Erwartungen und Prognosen erstellen, und nur dann können sie versuchen, als erste Wertpapiere zu kaufen, bevor sie steigen und als erste Wertpapiere zu verkaufen, bevor sie fallen. An welche Muster und Regelmäßigkeiten ein Anleger glaubt, das entscheidet er für sich, da hat jeder sein Geheimrezept, anhand dessen er künftige Kursverläufe aus der Gegenwart ableitet. Zur Not tun da auch einfache Börsenweisheiten ihre Dienste: Der Trend ist dein Freund. Greife niemals in ein fallendes Messer. Kaufen bei schlechten Nachrichten, verkaufen bei guten. Was steigt wird wieder fallen. Kaufe das Gerücht, verkaufe den Fakt. Oder auch »Sell in May and go away« – ein Paradebeispiel für begriffslose Börsenlogik, gemäß der aus der Tatsache, dass in den letzten Jahren die Kurse im Monat Mai meist gefallen sind, folgt, dass dies auch künftig der Fall wird. Ob das vernünftig ist oder nicht, kann den Börsianern egal sein und ist es auch.[27]

Derivate – the next level

Mit dem Kauf einer Aktie oder Anleihe kann man also auf den kommenden Geschäftserfolg eines Unternehmens spekulieren – beziehungsweise darauf, dass die anderen Marktteilnehmer auf diesen Erfolg spekulieren werden. Anleger A kann also eine VW-Aktie zu 100 Euro kaufen in der Erwartung, dass sie in einem Jahr einen Kurs von 120 Euro hat und er sie dann mit einem Gewinn von 20 Euro an Anleger B verkaufen kann, der die VW-Aktie erwirbt in der Hoffnung, dass sie weiter steigen wird. Auf diesen Handel pflanzt sich nun eine weitere Spekulationssphäre: Zwei Anleger können der Einfachheit halber auch einfach eine Wette abschlie-

27 Banken und Investmentgesellschaften können angenommene Börsenmuster auch in Programme übersetzen, mit denen sie ihre Computer füttern. Man kann einem Computer zum Beispiel die Regel vorgeben, eine Aktie immer zu kaufen, wenn sie innerhalb einer Woche um 10% fällt und sie dann zu verkaufen, wenn sie um 5% unter den Preis fällt, zu dem der Computer sie gekauft hat. In der Realität sind derartige Programme natürlich viel komplizierter. Heutzutage werden die meisten Finanztransaktionen von computergestützten Systemen ausgelöst.

ßen, wie sich der VW-Aktienkurs entwickeln wird. Hier handelt es sich um sogenannte Derivate – von lateinisch derivare ›ableiten‹, weil das Derivat ein aus dem Aktienhandel abgeleitetes Geschäft ist. Hierzu gehören Options- oder Termingeschäfte.

Ein vereinfachtes Beispiel: Basiswert des Derivategeschäfts ist eine VW-Aktie, sie steht am 1. Juni 2020 bei 100 Euro. Anleger A erwirbt nun von Anleger B das Recht (aber nicht die Pflicht), von ihm in einem Jahr eine VW-Aktie für 110 Euro zu kaufen. Dafür zahlt er Anleger B eine Gebühr. Mit diesem Kaufrecht wettet Anleger A auf einen deutlichen Kursanstieg der Aktie. Denn wenn sie am 1. Juni 2021 an der Börse 120 Euro kostet, dann erhält er von Anleger B laut Vereinbarung die Aktie für 110 Euro, könnte sie theoretisch an der Börse umgehend für 120 verkaufen und 10 Euro Gewinn einstreichen. Dieses Recht zum Kauf der Aktie zu 110 Euro ist das Derivat. Sein Preis hängt dabei vom Aktienkurs von VW ab: Je näher der Fälligkeitstermin am 1. Juni 2021 rückt und je weiter der Kurs über 110 Euro liegt, umso mehr ist das Anrecht wert, sie zu 110 Euro zu kaufen.[28]

28 Anhand eines Beispiels kann man sich auch die große Hebelwirkung von Derivaten verdeutlichen, die sie für Anleger so attraktiv machen: Angenommen, das Recht zum Kauf der VW-Aktie für 110 Euro kostet 5 Euro und die Aktie steigt auf 120 Euro, dann erzielt Anleger A mit einem Einsatz von 5 Euro Einnahmen über 10 Euro. Das entspricht 100% Rendite. Hätte Anleger A stattdessen Aktien für 110 Euro gekauft und für 120 Euro verkauft, so läge seine Rendite nur bei rund 9,1%. Der Nachteil von Derivaten ist allerdings: Liegt der Aktienkurs unter 110 Euro, so ist das Kaufrecht nichts mehr wert, Anleger A verliert sein eingesetztes Geld.

Als zweites Beispiel kann man sich auch ein umgekehrtes Geschäft vorstellen: Anleger A kauft von Anleger B gegen Gebühr das Recht, die VW-Aktie in einem Jahr zu 110 Euro an Anleger B zu *verkaufen*. Damit wettet Anleger A auf einen Kursrückgang der Aktie. Denn fällt der Börsenkurs bis 1. Juni 2021 auf 90 Euro, dann kann Anleger A die VW-Aktie an der Börse für 90 Euro kaufen, sie vertragsgemäß an Anleger A für 110 Euro verkaufen und einen Gewinn von 20 Euro einstreichen. Der Preis des Derivats, des Verkaufsrechts, ist nun umso höher, je tiefer der VW-Aktienkurs unter 110 Euro liegt.

Abgeleitet sind diese Wertpapiere nicht nur, weil sie sich auf den Aktienkurs lediglich indirekt als Basisgeschäft beziehen. Sondern auch, weil hier üblicherweise gar keine realen VW-Aktien gehandelt werden – auch nicht zum Fälligkeitstermin. Für das erste Beispiel: Anleger B hat am 1. Juni 2021 gar keine VW-Aktien, die er an Anleger A verkaufen könnte und will sie sich auch nicht besorgen. Anleger A wiederum hat auch gar kein Interesse an VW-Aktien, er wollte ja nur auf den Aktienkurs wetten und damit Geld verdienen. Beglichen wird dieses Geschäft zum Fälligkeitstermin daher nicht dadurch, dass wirklich VW-Aktien den Besitzer wechseln. Stattdessen läuft die Sache so: Steht der Aktienkurs zum Fälligkeitstermin bei 120 Euro, dann kauft Anleger B nicht VW-Aktien für 120 und verkauft sie vertragsgemäß an Anleger A für 110 Euro, der sie dann zu 120 Euro weiterverkauft – das wäre alles viel zu aufwändig. Stattdessen überweist Anleger B einfach

10 Euro an Anleger A. Liegt der Aktienkurs dagegen unter 110 Euro, dann lässt Anleger A sein Kaufrecht verfallen und verliert damit die Gebühr, die er Anleger B für dieses Recht gezahlt hat.

Derartige Geschäfte finden nicht nur mit Aktien als Basiswert statt, sondern auf Grundlage aller möglichen Wertpapiere. Es gibt Optionen und Termingeschäfte auf Anleihen, Öl und Weizen. Man kann über Derivate auf die Veränderung von Zinsen spekulieren, auf den Verlauf von Aktienindizes oder auf die Wechselkurse von Währungen. Ein riesiger Markt sind auch Wetten auf die Ausfälle von Krediten, sogenannte Credit Default Swaps (CDS), die in der vergangenen Finanzkrise zu Berühmtheit gelangten (siehe Kapitel 8). Bei diesen »Kreditausfallversicherungen« genannten Wertpapieren erhält der Inhaber von seinem Wettpartner einen bestimmten Betrag, wenn ein Kreditnehmer seinen Kredit nicht fristgemäß bedienen kann. Mit solchen CDS kann sich ein Gläubiger also vor einem Zahlungsausfall seines Schuldners schützen. Mit ihnen können aber auch Anleger auf Ausfälle von Krediten wetten, die sie gar nicht vergeben haben. Nicht jede »Kreditausfallversicherung« sichert also einen Kredit ab.

In dem Film *The Big Short* wird der Derivatehandel anschaulich anhand eines Casinos beschrieben: Eine Frau X setzt einen Betrag beim Black Jack, denn sie hat ganz gute Karten. Nun kommt Bewegung in die den Black-Jack-Tisch umstehende Menschenmenge: Mann A hinter der Spielerin wettet, dass Frau X gewinnen wird, ein anderer Mann (B) dagegen. Auf diese Wette von Mann A und B wiederum wetten zwei weitere Zuschauer. Im Folgenden werden immer weitere Wetten abgeschlossen, bis schließlich alle im Saal versammelten Personen dabei sind. Am Ende übersteigt der gesamte Wetteinsatz der Menschenmenge den ursprünglichen Black-Jack-Einsatz der Frau um das Vielfache. Genauso ist es auch in der Realität: Die über Kreditausfallversicherungen „abgesicherten" US-Immobilienkredite überstiegen im Jahr 2008 das Volumen der tatsächlich existierenden Immobilienkredite um das 20-Fache. Das heißt, es wurden durchschnittlich auf jede Hypothek 20 Versicherungen, oder Wetten, abgeschlossen. Ähnlich bei Rohstoffen, wo beispielsweise die über Termingeschäfte gehandelten Mengen an Erdöl die Menge des tatsächlich existierenden Öls um ein Mehrfaches übersteigt.[29]

Man sieht: Mit Derivaten macht sich das Finanzkapital immer weiter unabhängig von den realwirtschaftlichen Vorgängen, auf die sich seine Wetten allerdings immer beziehen. Gleichzeitig nutzen die Anleger ihre Wetten, um aus ihnen die Zukunft der Realwirtschaft herauszulesen. Ein Beispiel: Ende 2009 / Anfang 2010 stieg der Preis für Kreditausfallversicherungen (CDS)

29 Wie stark sich Derivate von Güterhandel und -produktion unabhängig machen und die Wirtschaftstätigkeit nur noch als ihre Rechengrundlage behandeln, zeigt auch der Nominalwert aller weltweit ausstehenden Derivate. Dieser Nominalwert beziffert das Volumen der Geschäfte, die den Derivatekontrakten zugrunde liegen und auf die sie sich beziehen. Die Bank für Internationalen Zahlungsausgleich nennt hier (Stand Mitte 2019) die stolze Summe von 640 Billionen Dollar – immerhin die globale Wirtschaftsleistung von acht Jahren.

auf griechische Anleihen, weil einige Anleger darauf setzten, dass Athen in Zahlungsschwierigkeiten kommen würde. Aus den steigenden Preisen für Griechenland-CDS schlossen wiederum andere Anleger, dass ein Kreditausfall Griechenlands wahrscheinlicher würde. In der Folge fiel der Preis für griechische Staatsanleihen, die Märkte verlangten höhere Zinsen von Athen, was den Kreditausfall immer wahrscheinlicher machte – die Griechenland-Krise war geboren (siehe Kapitel 9). So bezieht sich der Finanzmarkt permanent auf sich selbst, gibt sich recht und löst dadurch häufig dramatische Kettenreaktionen aus, die sich real niederschlagen.

Der globale Markt für Derivate hatte Mitte 2018 einen Bruttomarktwert von rund zwölf Billionen Dollar – eine riesige Summe hochspekulativer Finanzwetten. Diesen Wetten wird häufig vorgeworfen, ökonomisch letztlich nutzlos zu sein, weil hier nur Geldsummen zwischen Finanzanlegern hin- und hergeschoben werden. Das stimmt zum einen. Allerdings setzt sich hier die kapitalistische Logik durch, nach der allein der Gewinn zählt, sonst nichts; und nach der es egal ist, womit der Gewinn erzielt wird. Zwar ist die Entstehung des Derivatemarktes nicht zwangsläufig, der Finanzmarkt hat lange ohne ihn existiert. Aber dass er entstanden ist, ist in der Logik des Gewinnmachens schon konsequent.

Zur Verteidigung dieser Finanzwetten wiederum wird häufig angeführt, Derivate seien nützlich, denn sie dienten zur Absicherung. Wenn zum Beispiel VW über ein Termingeschäft vereinbart, in einem Jahr 100 Fass Erdöl zu 6000 Dollar zu beziehen, so sichert sich VW damit dagegen ab, dass Öl in einem Jahr viel mehr kostet und dadurch seine Bilanz verhagelt. Das gibt dem Autobauer Planungssicherheit. Ein Gläubiger Griechenlands wiederum kann sich durch den Abschluss einer Kreditausfallversicherung dagegen absichern, dass Griechenland seine Schulden bei ihm nicht begleichen kann. Gegen eine solche Verteidigung von Derivaten nur zwei Einwände: Erstens steht den »Versicherten« – in unserem Beispiel VW oder dem Griechenland-Gläubiger – immer eine Gegenpartei gegenüber, meist eine Bank, die an dem Absicherungsgeschäft verdienen will. Jedes Derivategeschäft beinhaltet also immer sowohl Absicherung der einen Seite wie Spekulation der anderen. Zweitens: Häufig ist es nicht nur eine, sondern es sind beide Seiten, die über Derivate spekulieren wollen und kein Interesse an der Absicherung ihrer realwirtschaftlichen Tätigkeit haben. So hatten unter jenen, die 2009/2010 Kreditausfallversicherungen für Griechenland besaßen, die wenigsten wirklich einen Kredit an Griechenland vergeben. Sie wollten nichts absichern, sondern bloß auf Griechenlands Zahlungsprobleme spekulieren.

Exkurs 1: Die Doppelrolle des Staates: Aufsichtsorgan und Renditequelle des Finanzkapitals

Bisher war von Aktien und Anleihen die Rede, die Unternehmen ausgeben als Vorgriff auf erfolgreiche Kapitalvermehrung. Daneben gibt es eine weitere Institution, die Wertpapiere ausgibt, obwohl sie gar keine kapitalistischen Geschäfte macht: den Staat. Seine Schuldscheine machen einen riesigen Teil des globalen Wertpapiervermögens aus. Auch der ökonomische Erfolg von Staaten ist Objekt der Spekulation. Gleichzeitig fungiert der Staat als Aufsichtsorgan über die Finanzsphäre. Zwischen Regierungen und Finanzkapital besteht ein inniges Abhängigkeitsverhältnis, das seine eigenen Konjunkturen hat und seine eigenen Krisen gebiert – zum Beispiel die sogenannte Euro-Krise (siehe Kapitel 9). Dieses Abhängigkeitsverhältnis soll daher hier kurz beleuchtet werden.

Aufsichtsorgan

Mit seiner gesetzgebenden Gewalt setzt der Staat fest, was in der Gesellschaft erlaubt ist und was nicht – auch an den Finanzmärkten. Damit ist er die Instanz, die das Geschäft der Investoren einschränkt, es aber zugleich auch erst ermöglicht. Denn um zu existieren, braucht das Finanzkapital den Staat, seine Gesetze, seine Währung, seine Notenbank, seine Garantien – insbesondere die Eigentumsgarantie, schließlich werden an den Finanzmärkten nichts als Eigentumstitel gehandelt. Ihre Macht nutzt die öffentliche Gewalt auch, kein Sektor ist so stark reguliert wie die Finanzsphäre. »Unregulierte Märkte«, wie sie oft beklagt werden, gibt es nicht. Die Finanzsphäre basiert von Anfang an auf der Macht des Staates und sie hat nur die Freiheit, die er ihr gewährt.[30] Daher ist er auch die Institution, von der erwartet wird, dass sie die Macht der Märkte zum Nutzen der Gesellschaft einschränkt und kanalisiert. Aber wie frei ist der Staat bei der Regulation des Finanzsektors? Oder anders: Warum bleibt die Regulierung meist hinter dem zurück, was viele als wünschenswert erachten? Der Grund dafür liegt in dem zwiespältigen Verhältnis des Staates zum Geschäft der Finanzanleger.

Eine Regierung, die eine kapitalistische Wirtschaft regiert, ist abhängig vom Erfolg dieser Wirtschaft, also von ihrem Wachstum.[31] Denn ein Staat finanziert sich über Steuern und Abgaben. Seine finanzielle Macht steht und fällt mit Größe und Wachstum der auf seinem Territorium wirtschaftenden Unternehmen. Daher ist es kein Zufall, dass die Weltwirtschaftsmacht Nummer Eins stets auch die Weltmacht Nummer Eins ist.

Nun fungiert aber das Finanzkapital als Hebel und Antreiber dieses Wirtschaftswachstums, das auch dem

30 Dies gilt ganz allgemein für das Verhältnis Staat-Kapital. In der Realität verteilt sich die Macht der einzelnen Staaten allerdings sehr unterschiedlich. Da stehen den Heimatländern des Kapitals in Nordamerika oder Westeuropa ganz andere Möglichkeiten zur Verfügung als armen Ländern, die von diesen Weltfinanzzentren abhängen.

31 Gemessen wird diese Wirtschaftsleistung meist im Bruttoinlandsprodukt. Es ist die zu ihren Preisen bewertete Menge an Gütern und Dienstleistungen, die in einem Jahr produziert worden sind.

Staat die Einnahmen verschafft. Bei seiner Regulation stecken daher auch strenge Kritiker des Finanzkapitals in einem Widerspruch. Einerseits wissen sie, dass der Finanzsektor den Stoff des Wirtschaftswachstums liefert: Kapital. Andererseits wollen sie Crashs und Krisen vermeiden. Sprich: Sie wollen erfolgreiche Finanzmärkte und nicht krisenhafte. Die Anforderung an die Politik lautet daher, jene Finanzgeschäfte zu erlauben, die Wirtschaftswachstum bringen und jene zu verbieten, die Krisen produzieren. Aber wie soll die Politik im voraus wissen, was erfolgreich ist und was nicht?

Da das Finanzkapital ein Hebel für das nationale Wirtschaftswachstum ist, konkurrieren Staaten international um seine Attraktion. Um Investoren auf das eigene Territorium zu locken, muss die Politik ihnen günstige Verwertungs- und Anlagebedingungen bieten. Das Verbot oder die Einschränkung bestimmter Finanzgeschäfte mindert dabei aus Sicht der Anleger die Attraktivität eines Standortes. Die strenge Regulation seines Finanzsektors ist also für jeden Staat ein Nachteil im globalen Standortwettbewerb. Die Frage, welche Auflagen man dem Finanzsektor macht, ist daher ein Feld der globalen Standortkonkurrenz. Ein Land mit hohen Auflagen riskiert Kapitalflucht in Länder, die dem Finanzkapital mehr Freiheiten bieten.

Bei ihrer Regulation der Märkte ist die Politik also erstens mit dem Problem konfrontiert, dass sie per Gesetz den Erfolg der Finanzgeschäfte nicht garantieren kann, weil sie nicht weiß, welche Finanzgeschäfte erfolgreich sein werden und welche nicht. Zweitens steht die Politik vor dem Widerspruch, dass sie einerseits einen stabilen, florierenden Finanzsektor will, andererseits aber diesen Sektor nicht zu stark einschränken darf, damit er die gewünschten Leistungen liefert. Und drittens steht sie in Sachen Regulation mit anderen Standorten in Konkurrenz um die Attraktion von Kapital. Der aus dieser Standortkonkurrenz entstandene globale Deregulierungswettbewerb könnte nur durch Kooperation der Staaten gemildert werden. Doch diese Kooperation krankt stets daran, dass die Staaten als Konkurrenten gegeneinander aufgestellt sind.

Eine Regierung muss also viel Rücksicht auf die Bedürfnisse der Geldanleger nehmen. Zum einen weil sie sie als Motor des nationalen Wirtschaftswachstums nutzen will. Zum anderen braucht sie die Investoren auch direkt: als Kreditgeber des Staates.

Renditequelle

Wesentliches Ziel des Staates ist das Wachstum der Wirtschaftsleistung. Dafür stellt er Infrastruktur bereit, Schulen, Militär, ein Rechtssystem und eine Währung. All diese Einrichtungen braucht der Markt, er schafft sie aber nicht oder nicht in notwendigem Ausmaß. Zur Finanzierung seiner Ausgaben zieht der Staat über Steuern und Abgaben Geld von den Wirtschaftssubjekten ein und verteilt es um. Daneben hat er eine weitere Finanzquelle: Schulden. Wenn der Staat Schuldscheine verkauft, dann erhält er das Geld von den Käufern, den Investoren. Die Investoren wiederum sind dadurch nicht ärmer geworden, sondern reicher. Denn die Staatsanleihe ist ein Stück Finanzvermögen, ein Anspruch auf Rückzahlung plus Zins.

Als Finanzvermögen ist die Staatsanleihe ein besonderes Ding. Anders als eine Unternehmensanleihe ist ihre Rückzahlung nicht abhängig vom Geschäftserfolg eines Unternehmens in der Konkurrenz. Die Staatsanleihe ist ein Anspruch auf künftige Einnahmen des Staates, also auf seine Macht, Geld aus seiner Gesellschaft an sich zu ziehen – auf seine Souveränität. Das Segment der Staatsanleihen wird an den Finanzmärkten daher »sovereigns« genannt. Durch diese Macht des Staates werden seine Schuldscheine zum sichersten Finanzinvestment – die Pleite eines Staates ist sehr unwahrscheinlich, denn anders als Unternehmen kann er sich per Beschluss – Steuererhöhungen – Einnahmen verschaffen. Das macht ihn als Schuldner meist kreditwürdiger als alle Privatunternehmen. Wer Anleihen des Staates hat, der findet daher für sie in der Regel jederzeit Käufer, kann sie jederzeit zu Geld machen. Und Banken können Staatsanleihen auch an die Zentralbank verkaufen oder sie dort als Sicherheit für echtes Geld hinterlegen (siehe Kapitel 3: Der Staat als Garant des Bankensystems). Da staatliche Papiere als solide gelten, können sie beliehen werden und dienen als Sicherheit für zahllose Kredite.

Staatliche Schuldscheine sind aufgrund ihrer Sicherheit für die Finanzmärkte daher extrem wichtig. Sie fungieren quasi als Basis-Investment, als Fundament des Marktes, auf das man sich im hektischen Auf und Ab der Kurse verlassen kann. In Finanzkrisen kommt es daher stets zur »Flucht in sichere Häfen«: in Staatsanleihen. Da der Markt diese Sicherheit braucht, wäre es eine Katastrophe, wenn eine Regierung beschließen würde, keine Schulden mehr zu machen. Doch dazu kommt es nicht. Denn die Staatsschuld wird nie auf Null zurückgefahren, sondern sie wird permanent verlängert, meist vermehrt um die Neuverschuldung, das sogenannte Staatsdefizit. Das bedeutet, dass Regierungen permanent neue Staatsanleihen ausgeben, mit denen sie auslaufende Anleihen bezahlen. Das freut die Finanzmärkte, da sie nicht schuldenfreie Staaten brauchen, sondern Staaten, die ihre Schulden verlässlich bedienen.

Da der Staat meist der sicherste Schuldner einer Gesellschaft ist, gibt der Zins auf seine Schulden den »risikolosen« Basiszins vor – das Mindestniveau, was Geldanlagen aus Investorensicht bringen müssen. An diesem Maßstab müssen sich alle privaten Kreditnehmer messen lassen. Wenn eine zehn Jahre laufende Staatsanleihe sich beispielsweise zu 2% verzinst, muss ein als solide bewertetes Unternehmen 3% bieten, ein riskantes Unternehmen dagegen 5%. Das ist der sogenannte »Spread«, also der Zinsaufschlag fürs Risiko. Steigt der Zins der Staatsanleihe auf 3%, steigt damit das gesamte Zinsniveau in der Gesellschaft. Schon hier wird klar: Wenn die Regierung in finanzielle Schwierigkeiten kommt, bekommt die ganze Gesellschaft ein Problem.

Da der Staat als relativ sicherer Schuldner gilt, sind die Preisschwankungen seiner Schuldscheine an der Börse meist gering. Aus Investorenperspektive sind sie daher eher langweilig. Dennoch lässt sich auch mit ihnen spekulieren. Denn der Preis einer Anleihe steigt und fällt mit dem Zins, den sie bringt.[32] Und der Zins steigt und fällt mit der Kreditwürdigkeit eines Staates oder der ökonomischen Lage. Stoff für Spekulation auf Staatsanleihen bieten daher erwartete Änderungen der staatlichen Kreditwürdigkeit oder der ökonomischen Lage, die zu Preisänderungen der Anleihen führen. Hier eröffnet sich das Feld für Anleihehändler an der Börse: Einfluss auf Zins und Anleihepreise hat die allgemeine oder erwartete Konjunktur, die Entwicklung von Exporten, Importen, Löhnen, Investitionen und so weiter. Einfluss auf diese Größen hat wiederum die Politik der Regierung: die Entwicklung von Steuersätzen und Sozialausgaben, die Macht von Gewerkschaften und Arbeitnehmerrechte, die Wirtschafts- und Finanzpolitik. An der Börse wird daher permanent die Politik von Regierungen danach bewertet, wie sie auf die Kreditwürdigkeit und das Wirtschaftswachstum wirken könnte. Der Anleihehandel bewertet ein ganzes Land gemäß seiner Qualität als Renditequelle. So werden Länder zu »Standorten«, die auf ihre »Wettbewerbsfähigkeit« achten müssen.[33]

---

32 Dies ist wieder die sogenannte Kapitalisierung, wie sie im Fall von Aktien schon im Kapitel zum Börsenhandel beschrieben wurde.

33 Ein Beispiel: »Mit dem geplanten Zurückdrehen der im Jahr 2012 beschlossenen Arbeitsmarktreformen gefährdet Spaniens neue Regierung auf mittlere Sicht die in den vergangenen Jahren zurückgewonnene preisliche Wettbewerbsfähigkeit des Landes und damit die Attraktivität Spaniens als Investitionsstandort.« Commerzbank, Economic Insight, 14.1.2020.

Entscheidend bei dieser Bewertung von Staatsanleihen ist zum einen die Wirtschaftsleistung und ihr Wachstum. Zum anderen die Inflationsrate: Wenn sich das Geld stärker entwertet, verlangen Geldgeber zum Ausgleich höhere Zinsen. Zentral ist zudem die Frage, wie viele Schulden ein Land bereits hat. Wichtige Maße für die Kreditwürdigkeit eines Staates sind daher die sogenannte Schuldenquote – das Verhältnis von Staatsschulden zur gesamten Wirtschaftsleistung eines Landes – und die Zinslastquote – der Anteil der Staatseinnahmen, der für Zinsen ausgegeben werden muss. Steigen diese Quoten, so bedeutet das: Ein Staat hat Schulden gemacht, die nicht eine entsprechend höhere Wirtschaftsleistung nach sich gezogen haben. Das kann seine Kreditwürdigkeit sinken und die Zinsen auf seine Schuldscheine steigen lassen.

Einerseits brauchen die Finanzmärkte also die sicheren Staatsanleihen als Anlageobjekte. Andererseits sind auch die Staaten abhängig vom Geld der Anleger. Denn sie benötigen Kredite zur Finanzierung ihrer Vorhaben. Zudem haben sie massenhaft Schulden angehäuft, die nicht zurückgezahlt und getilgt werden sollen, sondern durch immer neue Schulden verlängert werden: Von den globalen Gesamtschulden über rund 250 Billionen Dollar entfallen knapp 70 Billionen auf Regierungen. Erhält eine Regierung keine Kredite mehr von den Märkten oder nur Kredite zu sehr hohen Zinsen, so droht die Zahlungsunfähigkeit des Staates und damit die Pleite von Banken, Unternehmen und privaten Haushalten. Staaten sind also abhängig von den Finanzmärkten und damit abhängig von deren Bewertung ihrer Kreditwürdigkeit. Und diese Bewertung beruht auf Erwartungen der Anleger. Kommen sie zu dem Schluss, dass es mit einem Land bergab geht, steigen die Zinsen, die das Land zahlen muss – und die bloß erwartete Pleite wird Realität. So geschehen in Griechenland ab 2009 (siehe Kapitel 9).

In der Frage der Kreditwürdigkeit teilt sich allerdings die Staatenwelt sehr grundsätzlich: Es gibt mächtige Ökonomien wie die deutsche oder die US-amerikanische, die über eine weltweit akzeptierte Währung – Dollar oder Euro – verfügen. Sie müssen daher geringe Zinsen zahlen. Die meisten anderen Länder dagegen müssen mehr bieten. Anfang 2020 lag der Zins für zehnjährige Anleihen der USA bei knapp 2%. Schwächere Länder wie Indien dagegen zahlten rund 7%. Auch hier sieht man wieder den »Spread«, also den Zinsaufschlag, den Anleger für riskanter eingeschätzte Anleihen verlangen und den ärmere Staaten zahlen müssen. Denn alle Länder konkurrieren mit ihren Zinsangeboten um das Geld der Anleger.[34]

Krisen können nun entstehen aus der Tatsache, dass alle Zinsen miteinander in Verbindung stehen: Steigt der Zins in einem sicheren Land wie den USA, so kann er auch in Indien und Brasilien steigen. In den 1980er

34 Der Zins für Anleihen des deutschen Staates ist sogar seit einiger Zeit negativ. Das bedeutet: Gläubiger der Bundesregierung kassieren keinen Ertrag, sondern zahlen dafür, dem deutschen Staat Geld leihen zu dürfen. Diese Anomalie ist einer dauerhaften Krise geschuldet: Anleger sind bereit, einen Verlust zu machen, nur um ihr Geld in als besonders sicher geltenden deutschen Staatsanleihen parken zu dürfen.

Jahren lösten Zinssteigerungen in den USA eine globale Schuldenkrise aus: Regierungen in Lateinamerika, Afrika und Ostasien gerieten daraufhin in Zahlungsnöte, die sie nur über internationale Stützungskredite bewältigen konnten. Im Gegenzug mussten sie ihre Schulden senken, unter anderem durch Streichung von Sozialausgaben und die Entlassung von öffentlichen Bediensteten. So haftete die Bevölkerung für die Wiederherstellung des Vertrauens der Anleger in die staatliche Kreditwürdigkeit.

Exkurs 2: Real Estate – unsere Wohnung als Renditequelle

Neben Aktien, Anleihen und Derivaten gilt auch die Immobilie als Geldanlage – sogar als besonders sichere, weswegen zuweilen vom »Betongold« gesprochen wird. Wie wird dieses »Gold« geschürft, woher hat es seinen Wert? Mit einem Grundstück sichert sich der Eigentümer seine ausschließliche Verfügung über ein Stück Erdoberfläche. Der Eintrag ins Grundbuch ermächtigt ihn, anderen den Zutritt oder die Nutzung zu verbieten oder auch zu erlauben – gegen einen Preis. Dieses Eigentum muss nicht extra produziert werden, es braucht keine eigene Leistung des Grundeigentümers – sein Vermögen besteht schlicht in dem Ausschluss aller anderen von einem Stück Fläche, der zu einer Einnahmequelle gemacht werden kann. Konsequenterweise heißt das »Kundenmagazin« des Immobilienriesen Deutsche Wohnen schlicht »m^2«. Die Macht über den Quadratmeter erhält im Immobilienhandel einen Preis. Und der ist Ergebnis einer Spekulation.

Ein Auto muss erst hergestellt werden, seine Produktion verursacht Kosten, an denen sich sein Preis orientiert. Bei einem Grundstück dagegen fallen keine Produktionskosten an.[35] Daher stellt sich die Frage: Wie bestimmt sich der Preis von Grundeigentum? Er bestimmt sich aus den Erträgen, die es bringt: Pacht oder Miete. Und zwar aus den Erträgen des Grundeigentums im Vergleich mit anderen Geldanlagen, zum Beispiel dem allgemeinen Zinsniveau. Wie funktioniert das?

Ein vereinfachtes Beispiel: Nehmen wir an, das Zinsniveau liegt bei 2% pro Jahr. Eine Investition über 100.000 Euro in zinstragende Papiere bringt einem Anleger also 2000 Euro Ertrag. Nehmen wir weiter an, ein Grundeigentümer kann aus seinem Grundstück 4000 Euro Pacht pro Jahr erzielen. Aus diesem Ertrag von 4000 Euro folgt, dass der Grundeigentümer für sein Grundstück einen Preis von 200.000 Euro verlangen kann. Warum? Weil der Käufer bei einem Preis von 200.000 Euro und einem Ertrag von 4000 Euro eine Rendite in Höhe des Zinses erzielt: 2%. Würde der Grundstücksverkäufer 400.000 Euro verlangen, fände er keinen Käufer. Denn die Rendite seines Grundstücks betrüge für den Käufer nur 1% – da legt dieser sich lieber eine Staatsanleihe zu, die 2% Zins bringt. Würde der Verkäufer dagegen nur 100.000 Euro verlangen, fände er sicher einen Käufer, denn die Grundstücks-Rendite

35 Denn das Grundstück ist einfach »da«. In der Realität kann die Erschließung von Flächen zusätzliches Geld kosten. Beim Bau von Häusern und Wohnungen fallen ebenfalls Produktionskosten an. Um die folgenden Erklärungen einfach zu halten, beschränken wir uns im Folgenden aber auf den harten Kern des Grundeigentums, die reine Fläche.

betrüge 4% (4000 Euro auf 100.000 Euro eingesetztes Kapital). Allerdings würde er dann Geld verschenken, da er mehr verlangen könnte. Der Preis des Grundstücks dürfte sich also bei 200.000 Euro einpendeln.

Der Wert des Grundstücks berechnet sich also rückwärts aus den mit ihm zu erzielenden Erträgen. Wie hoch diese Erträge sind, wie viel Pacht oder Miete der Grundeigentümer verlangen kann, ist wiederum von vielen Faktoren abhängig. Vor allem von der Lage des Grundstücks: Befindet es sich in einer begehrten Innenstadtlage, kann der Eigentümer die Nachfrager um die Nutzung der Fläche konkurrieren lassen. Ein weiterer Faktor ist die allgemeine wirtschaftliche Situation in der Region, also die Entwicklung von Löhnen und Umsätzen, aus denen die Pacht bezahlt wird.

Der Wert von Grundeigentum ist also eine abhängige Variable der allgemeinen ökonomischen Lage. Verbessert sie sich, steigen also beispielsweise die Einnahmen, kann mehr Pacht verlangt werden. Damit steigt auch der Wert des Grundstücks. Steigen oder fallen kann er auch, wenn sich die Vergleichsgröße ändert: das Zinsniveau. Um im obigen Beispiel zu bleiben: Sinkt der Marktzins von 2% auf 1%, so bringen 100.000 Euro Investition nur 1000 Euro Zinsertrag. Bleiben dagegen die Pachteinnahmen bei 4000 Euro pro Jahr, erhöht sich damit der Wert des Grundstücks von 200.000 auf 400.000 Euro, ohne dass sich am Grundstück selbst oder an der Höhe der Pacht etwas geändert hätte. Das aktuelle Hoch bei den Immobilienpreisen in deutschen Großstädten erklärt sich daher auch aus den niedrigen Zinsen.

Wie bei allen Investments ist für die Bewertung von Immobilieneigentum letztlich weniger die aktuelle Situation ausschlaggebend, sondern die Erwartung: Wie werden sich Pacht und Miete künftig entwickeln und wie die zahlungsfähige Nachfrage? Wertet die Gegend auf oder ab? Geht der Zins rauf oder runter, was werden Aktien im Vergleich zu Immobilien bringen? Da das Eigentum an Grund und Boden ein Anrecht auf künftige Einnahmen darstellt, hängt sein Wert ab von der erwarteten Entwicklung dieser Einnahmen. Im Preis des Quadratmeters liegen diese Erwartungen des Marktes bereits fix und fertig vor, nicht anders als bei Aktien oder Anleihen.

Damit bietet sich hier auch ein weites Betätigungsfeld für die Institution, die Erwartungen in Euro und Cent bewertet: die Finanzmärkte. Anleger setzen Immobilien, Aktien, Anleihen einem internationalen Vergleich als Renditequellen aus, was die Preise schwanken lässt. So erhalten Grund und Boden ihren zweitdeutigen Ruf: Da jeder Mensch ein Dach über dem Kopf benötigt, gelten Immobilien unter Anlegern als besonders sicher, als »reale« Werte, weswegen sie im Englischen auch »Real Estate« heißen. Andererseits sind Immobilien heutzutage ein Teil des internationalen Finanzmarkts und Immobilienpreisbooms und -blasen daher die Regel (siehe Kapitel 8).

5. Entkopplung oder: Die Spekulation und ihre Basis

Wie wir gesehen haben, bestehen die Geschäfte der Finanzsphäre aus Wetten auf die Erwartungen der Marktteilnehmer. Diese Welt der Spekulation ist heute viel größer als das, was gemeinhin »Realwirtschaft« genannt wird – also als die Sphäre von A&S, VW und anderen Kapitalisten, die wirkliche Produkte und Dienstleistungen herstellen. Und die Finanzwelt dehnt sich aus. Entsprach der Wert der weltweit an den Börsen notierten Aktien 1985 noch 17% der globalen Wirtschaftsleistung, waren es 1990 schon 55%, Ende 2018 rund 93% und angesichts der Kurssteigerungen Anfang 2020 wohl deutlich über 100%.[36] Im Jahr 2019 stieg der Deutsche Aktienindex um ein Viertel, während die deutsche Wirtschaftsleistung um nicht einmal 1% zunahm.[37]

Dieses Auseinanderdriften beider Sphären bewegt viele dazu, sich mit dem Verhältnis von Finanzkapital und Realwirtschaft zu beschäftigen. Daraus resultiert Kritik am Finanzkapital. Im Wesentlichen wird darüber geklagt, dass der Finanzsektor sich von der Realwirtschaft entkoppelt habe, anstatt ihr zu dienen. »Finanzmärkte dienten ursprünglich der Finanzierung von Investitionen«, schreibt das politisch links verortete isw (Institut für sozial-ökologische Wirtschaftsforschung),

36 https://data.worldbank.org/indicator/CM.MKT.LCAP.GD.ZS.

37 Das Volumen sämtlicher Vermögenswerte – Bar- und Buchgeld, Anleihen, Aktien, Immobilien – ist seit 1990 in den USA von 250% auf 520% der Wirtschaftsleistung gestiegen, in der Euro-Zone von 320% auf 580% und in Japan von 350% auf 680%. Hierbei sind Derivate nicht einmal berücksichtigt (Natixis: Flash Economics, 5.9.2019).

heute aber seien »die Finanzmärkte weitgehend zu einem Spekulations-, Spiel und Wett-Kasino verkommen; die kapitalistische Wirtschaft ist größtenteils zum Kasino-Kapitalismus degeneriert«.[38] Mit dieser Sichtweise wollen wir uns im Folgenden beschäftigen

Die Finanzmärkte – entkoppelt von der Realwirtschaft?

Zunächst einmal ist festzuhalten: »Real« an der Realwirtschaft sind nur ihre physischen Produkte und Dienstleistungen. Nicht ihre kapitalistische Substanz. Die besteht in ihrem Wert beziehungsweise in dem Preis, den sie beim Verkauf erzielen oder mit dem sie in den Büchern stehen. Verkaufen sich diese Güter nicht oder sinkt ihr Preis, so verschwinden sie oder entwerten sich. Damit sinkt nicht nur ihr Wert, sondern auch der der Produktionsmittel. 1998 zum Beispiel kaufte der Autobauer Daimler den US-Konkurrenten Chrysler für rund 30 Milliarden Dollar und verkaufte Chrysler zehn Jahre später für 5 Milliarden Dollar – 25 Milliarden »Realkapital«, einfach verschwunden.[39] Auch wenn Maschinen, Autos und Fabriken eines Unternehmens noch so solide und real erscheinen – ihr Wert ist ab-

38 ISW: ABC der Schulden- & Finanzkrise. ISW-Report Nr. 87, München 2011, Seite 25.

39 Auch bei solchen Entwertungen von »Realkapital« spielt die Rendite eine Rolle. Angenommen, der US-Autobauer Chrysler macht jedes Jahr 300 Millionen Dollar Gewinn. Kauft Daimler das Unternehmen für 30 Milliarden Dollar, so entspricht der Chrysler-Gewinn von 300 Millionen einer Rendite von 1%. Das lohnt sich kaum, also stößt Daimler Chrysler wieder ab. Kauft Fiat den Konzern für 3 Milliarden Dollar, so entspricht der Chrysler-Gewinn von 300 Millionen einer Rendite von 10%. Krisen und Entwertung – in diesem Fall von 30 auf 3 Milliarden – können Unternehmen also wieder lohnend machen.

hängig davon, ob und inwieweit erwartet wird, dass sie Mittel des Profits sind. Nicht nur an der Börse zählen also Erwartungen. An den Finanzmärkten wiederum ist vielleicht vieles verrückt, aber nichts irreal. Wäre der dort gehandelte Reichtum irreal, wäre es auch kein Problem, wenn er zeitweise verschwindet.

Die Analogie mit dem Kasino hinkt ebenfalls – im Vergleich mit den Finanzmärkten erscheint ein Kasino geradezu bodenständig. Denn das Kasino ist eine reine Geld-Umverteilungsmaschine: Was der eine verliert, gewinnt der andere. 100 Euro sind dort immer 100 Euro, die Einsätze sind fixe Summen und können sich nicht vermehren. Daher gibt es am Roulette-Tisch auch keine allgemeine Hausse, die alle reicher macht, und keinen Crash, der Einsätze vernichtet und alle ärmer macht. Zudem sind die Eintrittswahrscheinlichkeiten beim Glücksspiel berechenbar: Bei einem Münzwurf ist die Chance immer 50:50. An der Börse dagegen entscheidet die Spekulation selbst, ob die Spekulation auf künftiges Wachstum aufgeht. Das ist keine Frage des Zufalls, sondern schlimmer: eine Frage des Aufs und Abs kapitalistischer Konkurrenz.

Zeigt nun die Tatsache, dass Wertpapiere an der Börse ein Eigenleben führen und viel mehr wert sind als die Wirtschaftsleistung, dass das Finanzkapital sich von der Realwirtschaft entkoppelt hat? Einerseits scheint es so. Denn die Preise von Aktien und Anleihen basieren auf Erwartungen der Erwartungen, und das ist tatsächlich äußerst dehnbar. Zudem greifen hier Selbstverstärkungsmechanismen: Erwarten viele Anleger, dass ein Aktienkurs steigt, dann steigt er wirklich – die Erwartung wird Realität. Zudem machen steigende Kurse die Anleger real reicher, sie können ihre Papiere zu höheren Preisen verkaufen, mit dem Geld neue Papiere erwerben und erhalten wegen ihres gewachsenen Vermögens auch höhere Kredite von den Banken. Der Börse geht im Aufschwung also nie das Geld aus, es gibt keine objektive, »reale« Grenze, kein festes Geldbudget, das den Kursanstieg irgendwie begrenzt. Diese Grenze führt die Spekulation selbst herbei, indem sie die Kurse fallen lässt. Und dann greift die andere Selbstverstärkung: Wird auf Crash spekuliert, sinken die Kurse tatsächlich, Vermögen verschwinden und viele werden ärmer. Wegen der dadurch entwerteten Sicherheiten streicht auch die Bank ihre Kredite und verlangt Rückzahlung. Das macht Notverkäufe von Aktien zur Kreditbedienung nötig, was den Abwärtstrend verstärkt.

Dieses Eigenleben der Märkte wird mit steigendem Spekulationsgrad – zum Beispiel bei Derivaten – immer eigener, scheinbar immer unabhängiger von der Realwirtschaft. Das ist zunächst kein Problem, denn die Realwirtschaft muss die weltweit kursierenden Finanzvermögen nicht »decken« und letztlich auch nicht einlösen: Die Masse des Anlagekapitals ist keine Anweisung auf produzierte Güter und Dienstleistungen. Die Investoren werden auch nicht irgendwann all ihre Anleihen, Aktien und Derivate verkaufen, um sich davon Anteile am Sozialprodukt in Form von Autos, Computern und Kuchen zu kaufen. Der Finanzsektor basiert darauf, dass er sich von allen Ansprüchen auf materielle Deckung der gehandelten Summen emanzipiert hat.

Diese Emanzipation hat aber eine Grenze, auch wenn diese äußerst biegsam ist. Denn für die Finanzmärkte besteht die Funktion der Realwirtschaft darin, dass sie permanent das Wachstum glaubhaft versprechen soll, auf das die Märkte getrennt von der Realwirtschaft spekulieren. Das beinhaltet aber, dass die Realwirtschaft irgendwann auch liefern muss. Selbst die wüsteste Spekulation, die den Unternehmen kein Geld bringt und kein Geld wegnimmt, hat die Realwirtschaft zu ihrer Grundlage und bezieht sich auf sie. Eine gänzliche Emanzipation ist also nicht möglich, auch wenn die Akteure an den Finanzmärkten dies gerne sehen würden. Beide Sphären bleiben aneinander gekoppelt, wobei diese Kopplung eine extrem bewegliche Sache ist. Sicher ist nur eins: Geht ein Unternehmen unter, verschwindet seine Aktie, dann kann auch der Finanzmarkt nicht auf sie spekulieren, weil ihm das Entscheidende verlorengegangen ist: die Zukunft.

Die Finanzmärkte – Diener der Realwirtschaft?

Über die Entkoppelung der Finanzsphäre klagen häufig jene, die an eine Doppelfunktion des Finanzkapitals glauben beziehungsweise an einen Ursprung, an dem der Finanzsektor nur dafür da war, den Produzenten von Gütern und Dienstleistungen mit Kapital zur Seite zu stehen. Die Position, das Finanzkapital müsse Industrie und Handel dienen, ist über alle politischen Lager verbreitet. Stellvertretend sei hier der Ökonom Stephan

Schulmeister zitiert: »Finanzkapital kann … auf zwei fundamental unterschiedliche Weisen eingesetzt werden, entweder als ›Mittel zum Zweck‹ der Finanzierung von Unternehmen oder als ›Mittel zum Selbstzweck‹, also für selbstreferenzielle Vermögensvermehrung. Im ersten Fall fungiert Finanzkapital als ›Diener‹ des Realkapitals: Die Rendite auf das Finanzkapital (Zinssatz oder Dividendenrendite) ist kleiner als die Profitrate des Realkapitals, denn der Rentier verleiht ja lediglich ein knappes Gut, der Unternehmer macht hingegen etwas draus (…) Im zweiten Fall ›emanzipiert‹ sich das Finanzkapital von seiner ›dienenden‹ Rolle: Seine Besitzer (›Rentiers‹) versuchen, ihren Anteil am Sozialprodukt durch selbstreferenzielle Spekulation (losgelöst von der Finanzierung des Realkapitals) zu steigern…«[40]

Angedeutet wird hier das Bild der profitgierigen Finanzmärkte und der guten Realwirtschaft, die es zu schützen gilt. Nun haben wir im 1. Kapitel dieses Buches beschrieben, dass die Realwirtschaft keinen anderen Zweck als die Finanzwirtschaft verfolgt. Maschinen, Fabrik, Arbeitsplätze, Güter – all dies sind für Industrie und Handel lediglich die Mittel, um einen Profit zu erzielen, der so hoch wie möglich sein soll. Nur weil sie den gleichen Zweck verfolgt wie das Finanzkapital, nimmt die Realwirtschaft Kredite auf und gibt Aktien aus, damit diese ihm »dienen«. Die Profimaximierung ausschließlich im Fall des Finanzkapitals zu kritisieren und nicht schon bei der Realwirtschaft, ist etwas

40 Stephan Schulmeister: Der Weg in die Prosperität. Salzburg, München 2018, S. 126.

widersprüchlich. Diese Kritik basiert auf der Vorstellung, dass es sich bei Maschinen, Anlagen, Gütern und anderem »Realkapital« nicht um materialisierte Profitansprüche handelt, sondern um dauerhafte, nützliche Dinge, die eben der Zweck der Realwirtschaft seien, während das Finanzkapital bloß Profit wolle.

Daher, so die Argumentation weiter, muss man die zu hohen Finanzmarktrenditen senken, um Investitionen in die Realwirtschaft zu lenken. Liege der Zins unter der Profitrate, so würden mehr Kapitalisten in VW und andere Produktionsgeschäfte investieren statt zum Beispiel in Derivate. Dies würde eine steigende Beschäftigung und eine sinkende Ungleichheit mit sich bringen. Liege der Zins auf Finanzgeschäfte hingegen über der Profitrate des Realkapitals, so seien Finanzanlagen für die Investoren attraktiver als »reale« Geschäfte. Der Finanzsektor blähe sich auf, dies brächte Arbeitslosigkeit, prekäre Beschäftigung und Sozialabbau mit sich und erhöhe somit die Ungleichheit.

Arbeitslosigkeit, Prekarisierung, Ungleichheit – bloß ein Werk des Finanzkapitals? Nicht ganz. Da die Realwirtschaft ebenfalls nur für Profit arbeitet, zeigt eine steigende Arbeitslosigkeit lediglich, dass viele Jobs aus Sicht der Realwirtschaft für den Profit nicht taugen und daher abgebaut werden. Der daraus folgende Lohndruck, die Prekarisierung und die wachsende Ungleichheit sind nicht allein Werk des Finanzkapitals, auch wenn es – wie die Realwirtschaft – davon profitiert.

Und selbst wenn das Problem darin bestünde, dass wegen der hohen Finanzmarktrenditen alles Geld an die Börse flösse und für Investitionen in neues »Realkapital« daher nicht genug übrig bliebe: In einem Wirtschaftssystem, das auf Profitmaximierung basiert, ist es aus Sicht des Kapitals – auch des »Realkapitals« – gleichgültig, wohin es fließt, Hauptsache die Rendite stimmt. Insofern ist die Aufblähung der Finanzmärkte nicht systemwidrig, sondern folgt seiner Logik. Dort kann Kapital flexibel investiert werden, man kann von Autoaktien zu Chemieaktien wechseln, von Immobilien zu Staatsanleihen, immer auf der Suche nach Rendite. Die Idee, derartige Geschäfte seien bloßer »Selbstzweck« und widersprächen dem »eigentlichen« Zweck des Kapitalismus – der Produktion von Gütern und Arbeitsplätzen – beruht auf einer Idealisierung der Marktwirtschaft.

Der ganze Reichtum – ein gigantischer Anspruch

So ist also die Lage: Das globale Vermögen, die weltweiten »Ersparnisse« bestehen heute vor allem aus Einlagen bei Banken, aus Aktien, Immobilien und aus verzinslichen Investments wie Anleihen, Sparbriefen oder Lebensversicherungen. All dies sind nichts weiter als Zahlungsansprüche. Aktionäre wollen Dividenden, Sparer wollen Zinsen. Was Sparer auf ihren Konten, Anleger in ihren Anleihe-Depots, Aktionäre in ihren Portfolios und Banken in ihrer Bilanz als Vermögen verbuchen, das sind nichts anderes als Schulden anderer. »Sparen statt Schulden machen!« – diese Aufforderung ist daher eine falsche Gegenüberstellung. Wer sparen und daran verdienen will, der muss verleihen.

Wer deutsche Staatsanleihen kauft, der kauft Schuldscheine des deutschen Staates. Wer spart, ist Gläubiger – und kein Gläubiger ohne Schuldner. Selbst was auf unseren Girokonten liegt, ist bloß eine Summe, die die Bank uns schuldet.

Die Vermögenswerte basieren darauf, dass sie per Zins, Dividende oder Miete bedient werden. Geschieht dies nicht oder kommen daran Zweifel auf, schwinden diese Werte dahin, sei es bei US-Hypothekenpapieren, bei Griechenland-Anleihen oder bei Häusern in bester Innenstadtlage. Der finanzielle Reichtum der Welt besteht also aus vorweggenommenen Renditen, die zwar erst in Zukunft anfallen, aber heute schon als Guthaben existieren. Man könnte es auch so ausdrücken: Als Wert gilt heute nicht das, was produziert worden ist, sondern das, was noch produziert werden soll. In der Weltwirtschaft herrscht heute also ein gewisses Maß an Irrsinn, der darin besteht, dass künftiges Wachstum bereits fertig vorliegt in Form von Vermögenswerten, die eine Spekulation auf dieses Wachstum sind, das niemals enden soll. Im Kapitalismus ist die Zukunft immer schon verpfändet, und diese Zukunft zeitigt große Folgen in der Gegenwart, da die erwarteten Erträge schon an den Börsen notiert sind.

Da das an den Finanzmärkten gehandelte und in Bilanzen verbuchte Vermögen auf Erwartungen beruht, können sich Milliardensummen einfach in Luft auflösen. Daher hängen Unternehmen, Staaten und ganze Währungsräume heute an dem, was allgemein »Vertrauen der Märkte« genannt wird. Doch das Finanzvermögen ist damit nicht bloß eine hoffnungsfrohe Erwartung. Es ist ein Anspruch. Ein Anspruch an den Rest der Welt, die erwarteten Renditen zu erwirtschaften und damit die als Weltfinanzvermögen vorliegenden billionenschweren Erwartungen in ihrem »Wert« zu bestätigen.[41]

Im Kapitalismus fungiert der Reichtum als permanenter Zwang, ihn zu vermehren. Davon profitieren die Eigentümer. Die große Mehrheit dagegen haftet als Arbeitnehmer, Mieter oder Bürger letztlich dafür, dass die kombinierten Ansprüche von Unternehmen und Anlegern aufgehen. Als Arbeitnehmer müssen sie ihren Arbeitgebern einen Gewinn einbringen, als Mieter ihren Grundeigentümern die Miete und als Bürger ihren Regierungen die Steuern. Aus dieser Sicht mag die wiederkehrende Warnung beunruhigend sein, die Welt habe zu viele Schulden. Denn dies ist gleichbedeutend mit der Warnung, es existierten global zu viele Finanzvermögen mit dem Anspruch der Verwertung. Und die gerät ebenso regelmäßig wie notwendig in die Krise.

41 Nicht anders beim »Realkapital«: Auch Maschinen und Anlagen sind Kapitalsummen, die nur so viel wert sind, wie sie für die Verwertung taugen.

Teil II:

DIE KRISE

6. Krise – kein Unfall

In der kapitalistischen Wirtschaftsform gilt nur eins als Krise: wenn die Profitmaximierung ins Stocken gerät. Kriege, Klimawandel, Hungersnöte und andere Katastrophen bereiten den Unternehmen unmittelbar keine Probleme. Was aus politischer oder moralischer Perspektive als Krise interpretiert werden kann – zum Beispiel auch Massenarbeitslosigkeit, Epidemien und so weiter – betrachtet das Kapital erst dann als Krise, wenn solche Phänomenen Auswirkungen auf seine Geschäfte haben.

Nun hat das kapitalistische System seit seiner Etablierung viele Krisen in diesem Sinne erlebt. Für jede wurden zahlreiche Erklärungen geliefert: Mal war die Inflationsrate zu hoch und mal zu niedrig; mal waren Kredite knapp und dann wieder überreichlich; dann wieder war der Ölpreis zu hoch oder die Politik hatte durch Zölle oder andere Maßnahmen die an sich stabilen Marktmechanismen gestört. Zu hohe oder wahlweise zu niedrige Löhne gehören ebenfalls zu den beliebten Krisenerklärungen. Alles und das Gegenteil davon wird je nach Perspektive und Situation als Erklärung ins Spiel gebracht, und so bekämpfen sich die verschiedenen Experten mit ihren Argumenten. Die meisten dieser Krisenerklärungen gründen auf einer gemeinsamen Basis: Hätten die Akteure in Wirtschaft und Politik nicht etwas falsch gemacht oder etwas versäumt, hätte die Krise vermieden werden können. In anderen Worten: Das Wirtschaftssystem an sich ist stabil. Sein grundsätzliches Gleichgewicht kann nur durch äußere

Faktoren oder Fehlverhalten gestört werden. Dementsprechend gilt stets der Staat als die Instanz, die die Stabilität wieder herstellen soll.

Ausgeblendet bleibt bei solchen Erklärungen, dass – wie wir gesehen haben – das kapitalistische System grundsätzlich und von Anfang an krisenhaft ist und sein muss. Krisen entspringen der Logik des Wirtschaftssystems selbst und lassen sich daher nicht durch besseres Verhalten, Regulierungen, weniger oder mehr staatliche Interventionen verhindern. Das kapitalistische System ist keine Waage, die im Gleichgewicht steht und nur von außen ins Wanken gebracht werden kann.

Ganz im Gegenteil: Der Kapitalismus ist mit grundsätzlichen Widersprüchen behaftet, die ihn äußerst instabil machen. Während bei der Produktion zum Beispiel der Imperativ des »Immer mehr!« gilt, weil die Profite steigen müssen, gilt bei den Löhnen – der Kaufkraft der Menschen – der Imperativ des »Immer so niedrig wie möglich!«, weil sie für die Unternehmen ein Kostenfaktor sind. Ergebnis: Einer tendenziell unbegrenzten Ausdehnung der Produktion, steht eine immer begrenzte Konsumtionskraft der Gesellschaft gegenüber. Auch das Gegeneinander, das in der Konkurrenz zwischen Kapitalisten herrscht und sie zu immer mehr Produktion treibt, sorgt nicht gerade für eine ausgewogene Herstellung von Gütern. Krisen im Kapitalismus sind also kein Zufall. Nimmt man dieses System unter die Lupe, wundert man sich eher über das Gegenteil – dass es überhaupt streckenweise halbwegs reibungslos funktioniert.

Krise – welche Krise?

Ein System, das auf Profitmaximierung in der Konkurrenz aller gegen alle basiert, existierte vor dem Kapitalismus nicht. Was für uns heute selbstverständlich ist, ist keineswegs immer so gewesen. Der Kapitalismus ist nichts Natürliches, er ist nicht »die Wirtschaft«. Wie andere Formen der gesellschaftlichen Organisation von Produktion auch ist er eine besondere historische Konstellation, die sich irgendwann und aus verschiedenen Gründen entwickelt und etabliert hat.

Als besondere Produktionsweise produziert der Kapitalismus auch besondere Krisen. In ihm entstehen sie zum ersten Mal in der Geschichte nicht aus einem Mangel, sondern aus Überfluss. Gesellschaften vor dem Kapitalismus hatten es schwer, überhaupt für alle oder die meisten Menschen ausreichend Güter zur Verfügung zu stellen. Sie litten unter geringer Produktivität und unter einer großen Abhängigkeit von den Naturgegebenheiten. Eine Hungerkatastrophe in Folge von Dürren zum Beispiel war schlicht der Tatsache geschuldet, dass nicht genug Lebensmittel produziert werden konnten. Anders im Kapitalismus, in dem Not nicht aus einem absoluten Mangel resultiert. In ihm bestehen meist ausreichend Möglichkeiten zur Güterproduktion. Doch mal unterbleibt die Produktion, weil die Menschen nicht genug Geld haben. Oder es wird produziert, die Armen bleiben aber von den Gütern ausgeschlossen. Oder – in der Krise – wird produzierter Reichtum sogar zerstört, weil er zu viel geworden ist. Woran misst sich dieses »zu viel«? Nicht an den Bedürfnissen der Menschen. Sondern am Zweck der kapitalistischen Produktion: Profit. Die Menschen mögen unter Gütermangel leiden, das herrschende Wirtschaftssystem aber leidet am Überfluss von Gütern, die sich nicht mit Profit verkaufen lassen und sich deswegen entwerten. Dass Menschen an Hunger sterben, während gleichzeitig Lebensmittel vernichtet werden, weil sie nicht mit Profit zu verkaufen sind – dies ist nur einsichtig für jene, die die Logik des kapitalistischen Systems als naturgegeben akzeptieren.

Das gleiche wie für Konsumgüter gilt auch für die Mittel, sie herzustellen. Auch Fabriken und Anlagen entwerten sich, wenn sie nicht (mehr) Mittel zur Produktion von Profit sind. Das gleiche Schicksal ereilt den Produktionsfaktor Arbeit: Im Moment der Krise gibt es aus kapitalistischer Perspektive einen Überschuss an Menschen, die nicht zur Profitproduktion eingesetzt werden können. Dann werden Beschäftigte entlassen, die Arbeitslosigkeit steigt, und auch den Lohnabhängigen – wie zuvor den Waren und Produktionsmitteln – droht Entwertung: Eine steigende Arbeitslosigkeit drückt auf die Löhne. Wer noch Arbeit findet, muss sich unter Umständen billiger verkaufen.

Schließlich leidet der Kapitalismus in der Krise nicht nur an einem Überschuss an Gütern, Produktionsmitteln und Arbeitskräften, sondern bemerkenswerterweise gleichzeitig unter einem Überfluss an Geldkapital selbst. Wenn das Geschäft nicht läuft und eine Investition – welcher Art auch immer – keine zufriedenstellende Rendite verspricht, so wird nicht investiert. Das Geld der Kapitalisten und der Bevölkerung bleibt bei den Banken brach liegen.[1]

Eine kapitalistische Krise ist also Entwertung all dessen, was den Profit nicht einbringt, auf den bei der Produktion spekuliert wurde. Was sich als Überfluss darstellt, wird in der Krise entwertet und am Ende – wenn es gar keinen Wert mehr hat – zerstört. Dabei ist es ziemlich gleichgültig, worum es sich genau handelt, ob es Konsumgüter sind oder Produktionsmittel oder Wertpapiere oder Menschen: Eine Krise »räumt auf«. Dies ist negativ sowohl für Unternehmen oder Banken, die pleitegehen, wie auch für die Investoren, die an der Börse Verluste machen oder für die Menschen, die ihre Jobs verlieren. Für das System als Ganzes aber hat eine Krise auch positive, sogar unverzichtbare Aspekte. Denn was zerstört wird, ist genau das, was sich nicht mehr rentiert. Es repräsentiert Ansprüche, die nicht erfüllt wurden, Spekulationen, die nicht aufgegangen sind. Was in der Krise zerstört wird, ist nicht konkurrenzfähig gewesen oder hat die Aufnahmefähigkeit des Marktes überfordert. Ist der Markt erst von unrentablen Gütern, Fabriken, Arbeitsplätzen und Krediten geräumt, haben die übrig Gebliebenen freie Bahn, und das Spiel kann wieder von vorne beginnen. Die Krise wirkt für das Gesamtsystem wie eine Bereinigung, die einen neuen Zyklus möglich macht.

1 Eine solche Situation lag in den Jahren nach der großen Finanzkrise ab 2009 vor. Ökonomen nennen sie »Ersparnis-Schwemme«. Folge sind die niedrigen Zinsen (siehe dazu Kapitel 10: Die Vor-Corona-Welt – eine aufgeschobene Krise).

Krise – notwendig, aber nicht vorhersehbar

Wie zu Beginn dieses Buches beschrieben, investiert jedes Unternehmen sein Geld mit dem Zweck, es zu vermehren. Die Methoden, mit denen die Unternehmen ihren Profitzweck verfolgen, machen eine Krise auf kurz oder lang unausweichlich. Denn jedes von ihnen zielt auf steigende Gewinne im Verhältnis zur investierten Summe. Um dies zu erreichen, versuchen die Unternehmen einerseits, ihre Kosten so niedrig wie möglich zu halten und sparen zum Beispiel an Ausgaben für Rohstoffe und Betriebsmittel. Oder sie versuchen, die Lohnkosten im Verhältnis zu ihrer Produktion zu drücken. Zu diesem Zweck führen sie ständig Neuerungen in die Arbeitsabläufe und bei den Produktionsmitteln ein, sie »rationalisieren« den Betrieb. Neue Maschinen oder Techniken kosten das Unternehmen aber Geld: Ihr investiertes Kapital wächst[2], und seine Vermehrung soll noch größer ausfallen. So machen sich die Kapitalisten gegenseitig den Markt streitig und beschränken ihn gleichzeitig. Jeder von ihnen steigert die Ansprüche auf Verwertung seines Kapitals. Gleichzeitig drücken sie ihre Ausgaben, unter anderem die Einkommen ihrer Beschäftigten relativ zu deren Leistung. Kurz: Jedes Unternehmen will möglichst viel einnehmen und möglichst wenig ausge-

2 Sichtbar wird diese steigende Kapitalintensität der Produktion am investierten Kapital pro Kopf der Bevölkerung. 1990 lag dieser Wert in Westeuropa, USA und Japan inflationsbereinigt bei etwa 170.000 Dollar pro Kopf. 2019 hatte er knapp 290.000 Dollar erreicht (Natixis: Flash Economics, 24.1.2020). Aus Sicht der Unternehmen wird jeder rentable Arbeitsplatz also immer teurer.

ben. Diese Rechnung kann im Aufschwung eine ganze Weile für viele Unternehmen aufgehen. Aber nicht für immer und schon gar nicht für das System insgesamt.

Jeder Kapitalist produziert so viel wie nur möglich und spekuliert darauf, derjenige zu sein, der am Ende schneller, besser und billiger produziert hat und nicht vom Markt gefegt wird. Eine gesellschaftliche Planung für die Herstellung dessen, was gebraucht wird, gibt es nicht, was immer wieder zu einer allgemeinen Überproduktion führt. Auch diese ist für den einzelnen Kapitalisten kein Grund, mit der Produktion aufzuhören: Wenn A&S seine Kühlschränke billiger als die Konkurrenz anbieten kann, lässt es sich nicht davon stören, dass es Millionen Kühlschränke in den Lagern von Siemens oder Beko gibt. Der BMW-Vorstand Eberhard von Kuenheim drückte es einst so aus: Es gibt zu viele Autos, aber zu wenige BMW.

Um in der Konkurrenz zu bestehen, brauchen die Unternehmen Zugang zu Kredit. Nur damit können die Unternehmen sich das nötige Geld verschaffen, um möglichst schnell neue Techniken und Maschinen einzuführen. Banken und andere Investoren – das Finanzkapital – stellen der Realwirtschaft wachsende Mittel zur Verfügung und finanzieren so das erwartete Wachstum vor. Diese Mittel machen sie vorübergehend unabhängig vom Rückfluss ihres Kapitals und ermöglichen die stetige Erweiterung der Produktion. Die Ansprüche auf Verwertung wachsen. Doch auf Dauer hebt auch der Kredit die Schranken des Marktes nicht auf. Schließlich finanziert der Finanzsektor nicht nur das Wachstum, sondern auch die Intensivierung der Konkurrenz, die irgendwann zur Krise führt.

Getrennt von der Realwirtschaft spekuliert das Finanzkapital an der Börse nach seiner eigenen Logik darauf, dass die erwarteten Erträge auch erzielt werden (siehe Kapitel 4). Sollte sich dort die Erwartung durchsetzen, dass die Geschäfte doch nicht so gut laufen wie angenommen, entwerten sich schlagartig die zirkulierenden Renditeansprüche in Form von Aktien, Anleihen und anderen Wertpapieren. Der Abschwung an den Finanzmärkten schlägt auf die Realwirtschaft zurück: Kredite werden gestrichen, Aktienkurse stürzen ab, wodurch die Unternehmen nicht mehr so leicht an das nötige Geld kommen, um weiter zu produzieren. Dadurch gehen Unternehmen unter, zahlen ihre Rechnungen nicht, entlassen Beschäftigte und ziehen andere Unternehmen mit sich. Über diesen Hebel kann die Realwirtschaft in eine Krise geraten, obwohl ihre Ergebnisse unter Umständen noch gar nicht so schlecht sind. Erwarten die Kapitalgeber – ob zurecht oder zu unrecht – eine schlechtere Entwicklung des Geschäftsgangs, so kann sich die Abwärtsspirale der Finanzmärkte in die Realwirtschaft verlängern.

Eine Krise beginnt in diesem Fall also im Finanzsektor und trifft dann die produzierenden Unternehmen. Dies ist nicht verwunderlich. Denn der Finanzsektor hat eine solche Größe und Bedeutung erreicht, dass seine eigene Bewegung eine Krise der Realwirtschaft auslösen kann, indem sie sie vorwegnimmt. Dieser Sachverhalt hat zu der Kritik geführt, die Realwirtschaft werde regelmäßig zum Opfer der Finanzmärkte. Richtig daran ist: Die Spekulation des Finanzkapitals auf die Realwirtschaft stattet diese mit den nötigen Mitteln des Wachstums aus. Entzieht der Finanzsektor der Realwirtschaft diese Mittel, steht Krise an. Gleichzeitig aber haben wir zu zeigen versucht, dass die Gegenüberstellung einer eigentlich soliden Realwirtschaft und einer üblen Spekulationssphäre zu kurz greift. Auch die Realwirtschaft agiert auf Basis von Erwartungen an die Zukunft und sorgt gleichzeitig dafür, dass nicht alle diese Erwartungen erfüllt werden können. Dass Krisen oft im Finanzsektor beginnen, ist dabei kein Wunder – schließlich besteht sein Geschäft darin, alles vorwegzunehmen.

Verbreitet ist auch die Klage, der Finanzsektor habe zu bestimmten Zeitpunkten zu viele oder zu schlechte Kredite vergeben, die notwendig platzen müssten. Dann wieder wird kritisiert, der Finanzsektor halte Kredite zurück und lasse die Realwirtschaft am langen Arm verhungern. Das Problem wird hier als eines der richtigen Quantität dargestellt – mal ist es zu viel und mal zu wenig. Unterstellt wird dabei die Existenz eines angemessenen Maßes an Krediten, bei dem das System nicht in Krisen geraten würde. Doch gilt bei einer Finanzkrise das gleiche wie bei einer Überproduktionskrise: Erst hinterher, wenn sie eintritt, weiß man, was zu viel oder zu schlecht oder zu wenig gewesen ist. Aus Sicht der Kapitalisten macht es keinen Sinn, ein Geschäft zu beenden, das noch Aussicht auf Erfolg hat, auch wenn sein Risiko steigen mag. Wann die vergebenen Kredite und Investitionen ihr »zu viel« erreichen oder die Bonität der Kunden sich als »zu schlecht« erweist, das sind keine objektiven, vorab erkennbaren Größen. Das Geschäft geht weiter, so lange es weitergeht.

So sicher die Krise ist, so schwer ist ihr genauer Zeitpunkt vorherzusagen. Die Ebene im System, an der sie sich entzündet, und der Termin, zu dem sie auftritt – darauf kann man lediglich spekulieren. Wir schauen uns deshalb lieber konkrete Fälle aus der jüngeren Vergangenheit an, in denen wir einige der in diesem Buch beschriebenen Mechanismen wiederfinden werden.

Im Folgenden werden vier Krisenfälle aus der jüngeren Vergangenheit erörtert: Erstens die *Internet-Blase* ab dem Jahr 2000 als Beispiel eines Börsencrashs, der im wesentlichen auf das Finanzkapital beschränkt blieb und die Realwirtschaft kaum berührte. Zweitens die *US-Hypothekenkrise* ab 2007 als Beispiel eines Börsencrashs, der zu einer Banken- und schließlich zu einer Wirtschaftskrise wurde. Drittens die *Griechenland- oder Eurokrise* ab 2009 als Beispiel einer Wirtschaftskrise, die vermittelt über die Börsen zu einer staatlichen Kreditkrise mutierte. Anhand dieser Fälle soll gezeigt werden, wie das Finanzkapital als Motor agiert – als Motor des Aufschwungs und des Abschwungs, als Antreiber des Wachstums und anschließend als Exekutor der Krise. Zudem werden gängige Deutungen der Krisen kritisiert. Als viertes Beispiel wird auf die Krise im Zuge der Ausbreitung des *Coronavirus* 2020 eingegangen – eine Krise, bei der weniger die Vorgänge im Finanzsektor erklärungsbedürftig sind, sondern die in der Realwirtschaft.

7. Die Internet-Blase 2000

Mitte der 1990er Jahre begann in Europa und Nordamerika der Aufschwung von Aktien aus dem jungen Internet-Sektor. Starke Kurssteigerungen führten insbesondere in Deutschland zu einer Börseneuphorie, die auch Laien erfasste: Spekulation wurde zum Volkssport. Zeitungen, Zeitschriften und Fernsehen befassten sich auf einmal mit der Börse, zeitgleich wurde von der Politik die Aktie als Form der privaten Altersvorsorge gepriesen. Dadurch floss Geld von Groß- und Kleinanlegern an die Märkte, wo sich die sogenannte Internet- oder Dotcom-Blase aufpumpte. Wie war es dazu gekommen?

Basis der Spekulation auf Aktien von Unternehmen aus dem sogenannten Technologiesektor waren die technischen Neuerungen der neunziger Jahre: erstens das Handy, also die Befreiung des Telefons vom Kabel und damit die permanente Erreichbarkeit; zweitens das Internet, also die Verbindung zwischen Computern zwecks Datenaustausch; daraus folgte drittens die Aufwertung des Computers vom Schreib- und Rechengerät zum vernetzten Kommunikationsinstrument. Dies waren die technischen Voraussetzungen, die beim Publikum auf zunehmendes Interesse stießen: Industrie und Handel sahen in den neuen Kommunikationstechniken Möglichkeiten, die Vermarktung ihrer Produkte zu verbessern und so ihren Kapitalumschlag zu beschleunigen. Haushalte wollten die neue Technik nutzen, um privat zu kommunizieren und gleichzeitig an den neuen Vermarktungskanälen teilzuhaben, etwa über Online-Einkauf, -Preisvergleiche oder -Banking. Zwar waren die Nutzungsmöglichkeiten des Internet zu Beginn – auch wegen der langsamen Datenübertragungsraten – noch gering. Dennoch ging man davon aus, dass hier »die Zukunft« liege. Tatsächlich wuchs die Zahl der Internetnutzer weltweit zwischen 1995 und 2000 von 16 auf 304 Millionen.

Es entstand so eine neue Geschäftssphäre für Produzenten von Hardware für die allgemeine Vernetzung sowie für Produzenten von Software zur Verwaltung der Teilhabe am Netz: Das Internet wurde interessant für die Telekommunikationskonzerne und -ausrüster, Mobilfunker, Handy- und Computerhersteller, Provider, Suchmaschinenbetreiber, Werber und Online-Händler. Zwar lagen die künftigen Erträge dieser »New Economy« im Dunkeln. Es war noch unklar, ob »das Netz« das Wachstum wirklich stiften, die Umsätze bringen und die Verbilligung von Handel und Lager wirklich ermöglichen würde. Aber es entwickelte sich rasch zum neuen Standard des Lebens und der Konkurrenz auf dem Markt, weswegen die Devise galt: »Dabeisein ist alles«.

Spekulation auf die Ökonomisierung des Internet

Unklare, aber gigantische Möglichkeiten – damit war die New Economy wie geschaffen, als Material der Finanzspekulation zu dienen. Mit dem »Wagniskapital« von Geldgebern und Banken entstanden ab 1995 immer mehr neue Internet-Unternehmen, deren vorrangiges Ziel nicht der Profit war, sondern möglichst schnell zu wachsen, um die in sie gesteckten Erwartungen zu rechtfertigen, darüber noch mehr Kredite zu erhalten und schließlich »börsenfähig« zu werden, also Aktien auszugeben, und darüber noch größer zu werden. Um ihnen dies zu erleichtern, richtete die Deutsche Börse ein eigenes Marktsegment mit geringeren Bonitätsanforderungen ein, den »Neuen Markt«. Am 10. März 1997 wurde dort mit Mobilcom das erste Unternehmen notiert.

Der Börsenindex des Neuen Marktes, der Nemax, startete bei 500 Punkten. Vier Jahre später sollte er bei 8550 Punkte seinen Höhepunkt erreichen. In den USA stieg der analoge Index Nasdaq von 1000 auf über 5000 Punkte. Diese Indexverläufe spiegeln den Anstieg der Aktienkurse zahlreicher Internet-Unternehmen, die Aktien ausgegeben hatten als Wette auf ihr Wachstum. Gewinne machten diese Firmen zumeist zwar nicht, im Gegenteil: Sie machten hohe Verluste, »verbrannten« das Geld der Investoren in einer Geschwindigkeit, die regelmäßig an »Cash Burn Rates« gemessen wurde. Doch das zählte für die Investoren nicht. Denn zum einen waren die Aktien bloß eine Wette auf Gewinne in der Zukunft. Vor allem aber waren es die steigenden Börsenkurse selbst, die immer mehr Anleger an die Börse lockten, unter anderem auch Investmentgesellschaften, die Geld von Kleinsparern einsammelten und es in »Neuer Markt-«, »Technologie-« oder »Internet-Fonds« steckten, was die Kurse weiter steigen ließ. Zudem führte insbesondere in Deutschland der von umfangreichen Werbemaßnahmen begleitete

Börsengang der Deutschen Telekom zu einer stark gestiegenen Popularität des Investmentobjekts Aktie. Im März 2000 notierte die T-Aktie bei 100 Euro – knapp 20 Jahre später liegt sie bei 38 Euro.

Ab März 2000 ging es mit den Aktienkursen dann abwärts. Eingeleitet wurde der Absturz durch einige Insolvenzen. Beschleunigt wurde er, weil klar wurde, dass die Internet-Unternehmen auf absehbare Zeit keine Gewinne erzielen würden sowie durch die Tatsache, dass sie oftmals über kaum materielle Gegenwerte verfügten. In der Folge drehte sich die Spekulationsschraube zurück: Sinkende Aktienkurse wurden für die Anleger zum Signal, ihre Aktien loszuschlagen, was die Kurse weiter drückte. Angesichts ihrer fallenden Aktienkurse verloren die Internet-Unternehmen ihr Lebensmittel: ihren Kredit. Die Folge waren Pleiten, die belegten, dass diese Firmen allein auf Spekulation gegründet waren und mit dieser Spekulation untergingen. Zwar kam es im Zuge des Börsencrashs zu einigen spektakulären Betrugsfällen, in denen Technologiefirmen tatsächlich Umsätze fingiert und Bücher frisiert hatten. Doch waren diese Fälle zu geringfügig, als dass man sagen könnte, der ganze Hype habe nur auf Betrug basiert.[3]

Die Schäden des Börsenabsturzes blieben im Wesentlichen auf die Börse selbst begrenzt. Die Kurse hat-

3 Wegen ihrer Kursverluste klagten Tausende Aktionäre der Deutschen Telekom 16 Jahre lang gegen die Telekom – vergeblich. Ähnliche Prozesslawinen gibt es stets nach Börsencrashs. Das zeigt, dass im Handel mit Erwartungen nur eine schmale Grenze zwischen Versprechen und Betrug verläuft.

ten sich aufgebläht und waren wieder in sich zusammengefallen. Die Auswirkungen auf die Realwirtschaft waren eher gering. Zwar ging im Jahresverlauf 2001 das Wirtschaftswachstum in Deutschland zurück, und in den Folgejahren schrumpfte die Wirtschaftsleistung sogar. Doch spielte der Aktiencrash dabei keine zentrale Rolle. Im allgemeinen wurde die Rezession von Ökonomen damals zirkulär erklärt: Die Abschwächung der Konjunktur habe die Unsicherheit erhöht und drücke auf die Konsumstimmung. Die schlechten Aussichten hätten zudem die Investitionsneigung der Unternehmen belastet. So wurde die schlechte Stimmung aus der schlechten Lage erklärt und die schlechte Lage aus der schlechten Stimmung.[4]

Zur Deutung von Crashs: Die »Spekulationsblase«

Der Zusammenbruch des Neuen Marktes soll 200 Milliarden Euro vernichtet haben – ein Verlust, an dem viele Kleinanleger teilhatten. Das schuf Erklärungsbedarf. Im allgemeinen werden Internetaktien-Hausse und -Crash heute damit erklärt, die Anleger hätten »überzogene« Erwartungen gehabt, sie hätten die reale Lage der Unternehmen »ignoriert«. Zudem seien viele Anleger »unerfahren« und von »Gier« getrieben gewesen und hätten in dem Crash »Lehrgeld« zahlen müssen.

4 Derartige Deutungen des Konjunkturverlaufs sind heutzutage üblich. Sie erklären die Entwicklung der Realwirtschaft nach der gleichen Logik wie die der Börse: Stimmungen schaffen eine Lage, die wiederum auf die Stimmung wirkt. Dies ist zwar zirkulär, spiegelt aber die Tatsache wider, dass auch die Realwirtschaft auf Erwartungen beruht (siehe Kapitel 1).

Den Betreibern der Internet-Firmen wiederum wurde »Verantwortungslosigkeit«, »Leichtsinn« und ebenfalls Gier vorgeworfen. All dies habe zu einer Spekulationsblase geführt – eben der Internet-Blase. Da das Konzept »Blase« eine zentrale Rolle bei der Deutung von Finanzkrisen einnimmt, sei hier darauf eingegangen.

Ausgangspunkt des Konzepts der »Blase« ist die Annahme, die Börsenspekulation sei eine im Grunde vernünftige Sache. In dieser Deutung haben Finanzmärkte folgende Funktion: Sie lenken Gelder dorthin, wo sie sich am stärksten vermehren, wo also am besten gewirtschaftet wird. Und sie ziehen Geld ab von Unternehmen, die schlecht wirtschaften. Die Anleger belohnen also gute Unternehmen mit hohen Aktien- oder Anleihekursen und schlechte mit niedrigen. Diese Kurse gelten dann als »fundamental gerechtfertigte« Kurse. In ihnen sehen Ökonomen alle relevanten Informationen enthalten, sprich: Der Börsenhandel liefert aus ihrer Sicht eine sachgerechte Bewertung von Chancen und Risiken der Unternehmen und ihrer Effizienz. Zwar können auch in diesem Modell Wertpapiere plötzlich stark steigen oder fallen. Doch am Ende siegt immer die Vernunft. Denn wenn ein Aktienkurs »zu hoch« steigt, dann werden rationale Anleger auf Kursrückgang wetten, damit sinkt der Kurs, und die Sache beruhigt sich wieder.[5] Falle die Aktie wiederum »zu tief«, würden rationale Anleger einsteigen und der Kurs steige

5 Analysten sprechen dann von einer »Kurskorrektur«. Das ist ein schöner Begriff, unterstellt er doch einen Fehler, der korrigiert wird, sodass anschließend alles wieder seine Richtigkeit hat.

wieder. Gemäß dieser Markteffizienzhypothese, die sogar mit einem Nobelpreis ausgezeichnet worden ist, korrigiert sich der Markt stets selbst, die Aktienkurse schwanken immer um ihr »gerechtfertigtes« Niveau.

Trotz aller angenommenen Vernunft der Märkte müssen allerdings auch Ökonomen oft zugeben, dass sich die Bewertungen am Finanzmarkt weit von den Vorgängen in der Realwirtschaft entfernen. Regelmäßig führt dies zu Debatten, ob bei Aktien, Anleihen oder Immobilien bereits eine Blase vorliegt oder (noch) nicht. »Spekulationsblase« soll dabei einen Zustand bezeichnen, in dem die Wertpapierpreise weit und dauerhaft über ihre »fairen«, »inneren« oder »fundamental gerechtfertigten« Preis gestiegen sind und daher über kurz oder lang ein drastischer Kursrückgang ansteht. Die Rede von der »Blase« basiert also auf der Annahme, dass es »fundamental gerechtfertigte« Kurse gibt, von denen die Blasenkurse nach oben abweichen und dadurch vom Fundament der Realität abheben.

Wie kann das sein? Schließlich geht das Modell des effizienten Marktes doch von rationalen Anlegern aus, deren Handel stets korrekte Bewertungen produziert? Entstehen können Spekulationsblasen in diesem Modell nur aus drei Gründen:

1. Die Politik begeht schwere Fehler und stört das freie Spiel der Märkte. Dann kann der Finanzmarkt verrückt spielen, woran aber nicht er schuld ist, sondern ein Ereignis von außen. Viele Ökonomen sehen daher in den Politikern die Verantwortlichen für Finanzkrisen und nicht die Finanzmärkte selbst.

2. Den Anlegern werden wichtige Informationen vorenthalten, sie werden quasi an der Nase herumgeführt, wodurch Unsicherheit entsteht.

3. Wichtigster Grund ist jedoch die Annahme, dass Anleger nur »begrenzt rational« handeln, die Kurse weit über ihr »gerechtfertigtes« Niveau hinaustreiben, weil sie von Gier, Herden- und anderen »animalischen Trieben« gesteuert werden. Irrationale Anleger überschätzen ihre Fähigkeiten oder lassen sich mitreißen vom allgemeinen Kursanstieg, den sie blind immer weiter in die Zukunft fortschreiben oder den sie umgekehrt damit erklären, es seien ganz neue Zeiten angebrochen. Streit gibt es im Ökonomenlager nur darum, ob derartige »irrationale« Kursbewegungen von Dauer sein können oder ob sich mittelfristig immer die Vernunft durchsetzen muss.

Soweit die gängige Deutung dessen, was sich an den Finanzmärkten abspielt. Diese Deutung hat allerdings zwei schwerwiegende Mängel. Das erste Problem: Was soll ein »fundamental gerechtfertigter« Wertpapierkurs überhaupt sein? Die Rechtfertigung könnte sich bei einer Aktie zum Beispiel aus dem Gewinn der Aktiengesellschaft ergeben: Steigt der Gewinn von VW, dann schüttet VW mehr Dividenden an die Aktionäre aus, daher geht ein Anstieg der VW-Aktie in Ordnung. Das klingt solide. Die wohl wichtigste Kennzahl für Analysten ist daher das sogenannte Kurs-Gewinn-Verhältnis (KGV), das den Kurs einer Aktie (K) ins Verhältnis zum Unternehmensgewinn (G) setzt. Doch stellt sich dabei die Frage: Welches Verhältnis von Aktienkurs zum Gewinn ist vernünftig? Ende 2018 zum Beispiel lag das KGV von VW bei 6, was bedeutet: Die VW-Aktien war zum Sechsfachen des VW-Gewinns bewertet. Ist das vernünftig? Warum nicht das Zehnfache? Oder bloß das Zweifache?

Zudem kommt es beim Börsenhandel – wie schon im Kapitel 4 dargestellt – ohnehin nicht auf erzielte Gewinne an, sondern auf erwartete. Der »innere Wert einer Anlage«, erklärt die französische Bank Société Générale, »ergibt sich aus den diskontierten, erwarteten künftigen Erträgen«. Analysten berechnen das KGV daher mit Hilfe ihrer Gewinnerwartungen. Auf Basis des erwarteten Gewinns für 2021 betrug das KGV von VW Anfang diesen Jahres 5,7. Beruhte diese Maßzahl auf einer »vernünftigen« oder einer überzogenen Gewinnschätzung? Das weiß niemand. Gleichzeitig betrug das KGV auf Basis der Gewinnschätzungen für 2021 beim Online-Händler Amazon 50. Die Amazon-Aktie war also an der Börse zum 50-Fachen des Amazon-Gewinns in zwei Jahren bewertet. Ist das schon eine »Überbewertung« oder reflektiert sich hier eine noch gerechtfertigte Wachstumshoffnung? Und kann es aus Anlegersicht nicht auch vernünftig sein, eine Aktie billig zu kaufen, wenn das Unternehmen noch gar keinen Gewinn macht – so wie vor 20 Jahren die Internet-Firmen oder wie in der jüngsten Vergangenheit der E-Autobauer Tesla?

Das zweite Problem bei der gängigen Deutung der Märkte und damit beim Konzept von »Spekulationsblasen« überhaupt ist, dass sie den Finanzmärkten eine merkwürdige »Rationalität« unterstellt. Schließlich sind diese Märkte keine Institution, die auf Grund gewissenhafter Prüfung der ökonomischen Daten vernünftige Prognosen entwickelt, aus denen »gerechtfertigte« Wertpapierpreise folgen, mit denen die rationalen Marktteilnehmer dann zufrieden sind. Ziel aller Anleger ist stattdessen schlicht, aus Geld mehr Geld zu machen. Ihr Ideal ist es, die Aktie als erste zum niedrigen Kurs zu kaufen und als letzte zum höchsten Kurs zu verkaufen, denn das bringt den Maximalprofit. Sie müssen also ständig entscheiden, ob eine Aktie fallen oder steigen wird. Bei dieser Entscheidung ist die Frage, ob ihnen der Aktienkurs aktuell »vernünftig« scheint, nur eine Information unter vielen. Wesentlich für sie ist, wie der Markt sich entwickeln wird. Und der Markt entwickelt sich so, wie die Mehrheit der Marktteilnehmer erwartet, dass er sich entwickeln wird. Erwartet ein Börsenhändler Kursanstieg, ist Kauf vernünftig und Verkauf unvernünftig. Erwartet er Kursrückgang, ist Verkauf vernünftig und Kauf unvernünftig. Herdenverhalten ist an der Börse daher nicht irrational, sondern entspricht ihrem Prinzip.

Selbst wenn Marktteilnehmer eine Aktie oder den ganzen Aktienmarkt für unvernünftig hoch bewertet halten und daher einen Crash kommen sehen, müssen sie weiter mitspekulieren. Auch das ist rational. Denn steigen sie zu früh aus, verpassen sie Gewinne. So wie der US-Amerikaner Julian Roberts, Manager des legendären Tiger-Hedgefonds: Als Ende der 1990er Jahre Aktien von Technologieunternehmen in die Höhe schossen und sich die »Internet-Blase« aufpumpte, weigerte sich Roberts, in diese Aktien zu investieren – er hielt sie schlicht für überbewertet. Folge: 1999 wurde der Tiger-Fonds aufgelöst, Roberts musste gehen, weil seine Spekulationsgewinne niedriger waren als die seiner Konkurrenten, die sich mit Internet-Aktien eingedeckt hatten. Im Jahr 2000 kam der große Kursrutsch – doch das half Roberts nicht mehr.[6]

Umgekehrt agierte Roberts Kollege Stanley Druckenmiller, Manager des Quantum-Fonds von George Soros. Er investierte in Internet-Aktien und erzielte hohe Gewinne. Als sich mit dem Aktiencrash 2000 die Gewinne in Verluste verwandelten, verlor auch Druckenmiller seinen Job. Auf die Frage, warum er nicht schon vor dem Crash seine Technologie-Aktien verkauft hatte, antwortete Druckenmiller, er habe zwar gewusst, dass Internet-Aktien zu hoch bewertet gewesen seien. »Aber wir dachten, wir seien noch in der vorletzten Runde und nicht schon in der letzten.« Ein Börsenanalyst fasste das Schicksal beider Fondsmanager in der *New York Times* vom 29. April 2000 so zusammen: »Julian sagte, ›Das ist irrational, ich spiele nicht mit‹, und sie trugen ihn aus dem Raum mit den Füßen voran. Stanley sagte ›Das ist irrational, aber ich spiele mit‹, und sie trugen ihn aus dem Raum mit den Füßen voran.«

6 Entgangene Gewinne zählen im Kapitalismus wie Verluste. Investoren setzen daher auf Aktien und andere Wertpapiere allein aus dem Druck, höhere Gewinne zu machen als andere Investoren. An den Finanzmärkten hat dieses Spekulationsmotiv einen eigenen Terminus: FOMO, die Abkürzung von »Fear of Missing Out«, also die Furcht, etwas zu verpassen.

Dauerhaft extrem hohe oder zuweilen auch extrem niedrige Bewertungen an den Märkten sind also keine vorübergehende Abkehr von der Vernunft, sondern der an den Märkten geltenden Vernunft selbst geschuldet. Ein drastischer Kurssturz – das »Platzen der Blase« – wiederum ist nicht der Moment, in dem der Markt von der Unvernunft wieder zur Vernunft zurückkehrt. Hier wechselt bloß die Spekulation ihre Richtung.

Fazit: Finanzmarktblasen und Kursabstürze sind der Logik der Spekulation geschuldet, sie sind systemisch. Die Deutung der Blase als übertriebene Abweichung von eigentlich gerechtfertigten Börsenkursen unterstellt die Existenz »vernünftiger« Wertpapierpreise, die aber nicht existieren. Das wissen auch die Praktiker des Geschäfts: Ob eine Blase vorliegt oder nicht, können sie zwar vermuten, aber nie bestimmen. »Spekulationsblasen erkennt man erst, wenn sie platzen« ist eine geläufige Finanzmarktweisheit, die ausdrückt: Erst das »Platzen« macht aus zuvor akzeptierten Kursen »überbewertete« Kurse, erst der Kurssturz macht aus guten Wertpapieren faule Wertpapiere. In der Logik der Märkte: Wenn Kurse abstürzen, muss eine Blase vorgelegen haben, andernfalls wäre sie ja nicht geplatzt. Das ist in etwa so schlüssig wie der Satz »Eine Scheidung zeigt, dass die Heirat ein Fehler war.«

8. Die US-Hypothekenkrise 2007

In den USA wie auch in anderen Ländern der Welt galt das Geschäft mit Immobilienkrediten jahrzehntelang als solide Sache. Hypothekenbanken gaben Darlehen an Haus- oder Wohnungskäufer und kassierten die Zinsen. Für den Fall, dass ein Kreditnehmer seine Raten nicht mehr begleichen konnte, stand die Immobilie als Sicherheit zur Verfügung. Dieses System wurde den US-Banken allerdings irgendwann zu simpel und zu wenig ertragreich. Sie begannen damit, vergebene Hypothekenkredite zu Wertpapieren zu bündeln und weiterzuverkaufen. Daraus resultierte schließlich eine globale Finanz- und Wirtschaftskrise, die sich ab dem Jahr 2007 über den Globus ausbreitete. Erklärt wird diese Krise heute zumeist damit, dass irgendwann vermehrt US-Hauskäufer mit geringen Einkommen ihre Kredite nicht mehr bedienen konnten. Doch ist schwer vorstellbar, dass einige tausend arme US-Haushalte das Weltfinanzsystem an den Abgrund bringen können. Erklären wollen wir daher im Folgenden insbesondere die Technik, mit der der US-Finanzsektor aus Krediten für amerikanische Immobilienkäufer Geldanlagen für Finanzinvestoren in aller Welt verfertigte – jene Technik der »Verbriefung«, mit der die Banken und Anlagegesellschaften die amerikanischen Kreditrisiken vervielfältigten und global verbreiteten.

Der Boom

Anfang des Jahres 2000 endete der Börsenboom, in den USA und Europa begann ein lang anhaltender Kurssturz an den Aktienbörsen. Dem Kurssturz folgte in den USA eine kurze Rezession in den Monaten März bis November 2001. In dieselbe Zeit fielen die Anschläge auf das World Trade Center in New York. Die US-Notenbank reagierte darauf mit der Senkung der Leitzinsen, um Kredite zu verbilligen und so die Wirtschaft zu stützen. Bis zum Jahr 2003 drückte sie den Leitzins von über 6% bis auf 1% und beließ ihn vorerst dort.

Dieser Zinsrückgang in Kombination mit einer wachsenden Masse an anlagesuchendem Kapital hatte verschiedene Folgen: Zum einen schrumpften die Erträge sicherer Geldanlagen. So sank die Rendite für zehnjährige US-Staatsanleihen von knapp 7% auf 4% 2005. Dieser Rückgang von Renditen sicherer Anlagen machte für Geldanleger riskantere Investments attraktiver, da sie höhere Erträge brachten – zum Beispiel Immobilien und Immobilienkredite. Zum anderen verbilligte das sinkende Zinsniveau die Aufnahme von Krediten, auch für Immobilienkäufer. Der Zins für 30-jährige Hypothekenkredite sank in den USA zwischen 2000 und 2004 von 8,6% auf 5,5%.

Beides zusammen – die Suche der Anleger nach höher verzinslichen Geldanlagen und die Verbilligung von Krediten für Schuldner – trug zu einem Anstieg von Immobilienkrediten in den USA bei. Die daraus resultierende höhere Nachfrage nach Häusern trieb deren Preise in die Höhe. Um 85% stieg zwischen 2000 und 2006 der Case-Shiller-Index, ein zentraler Indikator für die Entwicklung der Hauspreise in den USA.

Die steigenden Hauspreise machten für die Banken Darlehen auch an Haushalte mit geringerer Kreditwürdigkeit (»Subprime-Kredite«) attraktiver und zunächst risikoarm. Denn zwar verfügten diese Haushalte über wenig Vermögen und Einkommen. Gleichzeitig aber konnten sich die Banken sicher sein: Sollte der Schuldner seinen Kredit nicht mehr bedienen können, fällt sein Haus an die Bank, die es dann mit Gewinn weiterverkaufen kann. Sprich: Entweder bringt der Schuldner der Bank die Rendite oder sein Haus.

Zwischen 2001 und 2005 stiegen in der Folge die Hypothekenkredite an Kreditnehmer mit geringerer Bonität in den USA von 180 Mrd. Dollar auf 625 Mrd. Dollar. Die Summe der gesamten neu vergebenen Hypothekenkredite in den USA wuchs von 650 Mrd. auf fast 1200 Mrd. Dollar. Die durch die Kredite geschaffene Zahlungsfähigkeit trieb die Hauspreise nach oben. Dies rechtfertigte aus Sicht der Hypothekenbanken die Vergabe weiterer Kredite, da ihnen die teureren Immobilien als Sicherheit für die Kredite dienten. So nährte der Immobilienboom die Kreditvergabe und die Kreditvergabe den Immobilienboom. Bis hierhin ist die Sache einfach: Das Investorenrisiko besteht bloß in der pünktlichen Kreditbedienung der Schuldner, und es liegt allein bei der Hypothekenbank. Doch dabei blieb es nicht.

Die Kreditkaskade

Befeuert wurde die Immobilienkreditvergabe durch eine Technik der Banken, die vergebenen Kredite zu bündeln, als Wertpapiere zu verpacken und weiterzuverkaufen. An diesem Geschäft waren Hypothekenbanken, Investmentbanken und Investmentfonds weltweit beteiligt. Im Folgenden sei es dargestellt anhand eines Beispiels, das vereinfacht ist – die Realität war so kompliziert, dass nach der Krise viele Finanzprofis zugaben, sie nicht verstanden zu haben.

1. Schritt Kreditvergabe

Die Hypothekenbank gewährt dem Hauskäufer einen Kredit, um per Zins daran zu verdienen. Die Forderung an den Schuldner führt sie in ihren Büchern als Vermögenswert, als Geldkapital, das einen Zins abwirft. Dieser Zinsertrag macht den Kredit interessant als Handelsobjekt.

2. Schritt: Verkauf der Kredite

Die Bank verkauft die Kredite weiter. Zu diesem Zweck gründet sie eine Zweckgesellschaft (»Special Purpose Vehicle«, SPV). Das ist für sie einfach und billig, da die Zweckgesellschaft über kaum Eigenkapital verfügen muss. Um die Zweckgesellschaft kreditwürdig zu machen, gibt die Bank eine Garantie, mit Geld einzuspringen, sollte die Zweckgesellschaft in Schwierigkeiten geraten. Warum verkauft die Bank ihre Kredite? Weil sie so die vergebenen Kredite aus ihren Geschäftsbüchern in die Zweckgesellschaft auslagert und durch ihren Verkauf Einnahmen erzielt, mit denen sie neue Kredite vergeben kann. Diese neuen Kredite verkauft sie ebenfalls an ihre Zweckgesellschaft, vergibt abermals neue Kredite und so weiter. Dies ist die Technik »originate to distribute« – Kredite werden vergeben, nur um sie anschließend zu verkaufen. Das tut die Bank, weil sie an dem Geschäft verdient, das ihre Zweckgesellschaft betreibt: Verbriefung.

3. Schritt: Verbriefung

Das SPV der Bank sammelt die Kredite ein und überweist der Bank den Kaufpreis, mit dem sie neue Kredite vergeben kann. Woher aber hat die Zweckgesellschaft die Mittel für den Kauf – sie hat ja selbst kaum Kapital? Sie leiht es sich, und zwar so: Sie bündelt die gekauften Kredite zu einem Paket. Dieses Paket beinhaltet tausende von Krediten unterschiedlichster Bonität. Anschließend verkauft sie an Investoren Schuldscheine, deren Bedienung durch die zu Grunde liegenden Kreditpakete gedeckt sein soll. Diese Schuldscheine der Zweckgesellschaft sind sogenannte Asset Backed Securities (ABS) oder Mortgage Backed Securities (MBS). Das sind Wertpapiere (Securities), die durch Kreditforderungen (Assets) oder Hypotheken (Mortgage) unterlegt (Backed) sind. Zwei Sorten dieser Wertpapiere, mit denen sich die Zweckgesellschaft ihr Geld leiht, seien hier erklärt:

Asset Backed Commercial Papers (ABCP) sind kurz laufende Anleihen, vor der Krise hatten sie meist eine Laufzeit von nur 30 Tagen. Wegen der kurzen Laufzeit haben ABCP nur einen geringen Zins, den die Zweckgesellschaft ihren Geldgebern zahlen muss. Gleichzeitig liegt die Laufzeit und damit der Zins der Kreditpakete der Zweckgesellschaft höher. An der Differenz zwischen kurzfristigem Zins für ABCP und langfristigem Zins der Kreditpakete verdiente die Zweckgesellschaft und überwies den Gewinn an ihre Mutterbank.

Das war lange ein sicheres Geschäft. Allerdings hing der Gewinn und damit das ganze Geschäftsmodell der Zweckgesellschaft damit davon ab, dass sie erstens alle 30 Tage neue Kreditgeber findet, die ihre Finanzierung verlängern; und zweitens, dass der kurzfristige Zins für ABCP nicht steigt und so ihre Gewinnspanne zerstört.

Im Falle von *Collateralized Debt Obligations* (CDO) leiht sich die Zweckgesellschaft auf andere Weise Geld: Sie bündelt die Kredite zu Paketen, unterteilt diese Pakete in verschiedene Tranchen und verkauft die Tranchen: Die erste Tranche (Equity) bringt dem Käufer höhere Zinsen, ist für ihn aber riskanter. Denn er erleidet als erster Verluste, sollte einer der Kredite in dem Paket ausfallen. Daher nennt man diese Tranche auch »First Loss«. Die zweite Tranche des Pakets (»Mezzanine«) hat einen etwas geringeren Zins, dafür auch ein geringeres Risiko, da ihre Käufer Kreditausfälle erst schultern müssen, wenn die Equity-Tranche aufgebraucht ist. Die dritte Tranche (»Senior«) hat den geringsten Zins, ist aber am besten vor Kreditausfällen abgesichert. Für die Bündelung und Strukturierung der CDO kassiert die Zweckgesellschaft Gebühren und Provisionen, die sie an ihre Mutterbank überweist.

Mit der Ausgabe von ABCP und CDO verkauft die Zweckgesellschaft also nicht einfach die Ursprungskredite ihrer Mutterbank weiter. Sie behält die Kredite in ihren Büchern und leiht sich über den Verkauf von Schuldscheinen Geld, dessen Rückzahlung durch Einnahmen aus den Kreditpaketen gedeckt sein soll: ABCP und CDO sind also Ansprüche auf Anteile an kommenden Zins- und Tilgungszahlungen aus den Kreditpaketen der Zweckgesellschaft. Wichtig an dieser Stelle: Mit der Verbriefung durch ihre Zweckgesellschaft wird die Bank von einem Kreditgeber zu einem Konstrukteur und Händler von Wertpapieren, die durch die vergebenen Kredite abgesichert sein sollen. Ihr Risiko liegt nun nicht mehr darin, dass ihre Schuldner ihre Kredite bedienen, sondern dass ihr SPV stets Käufer für ihre Wertpapiere findet.

4. Schritt: Verbriefung der Verbriefung

Käufer dieser hypothekenunterlegten Wertpapiere sind Investmentfonds oder auch Zweckgesellschaften anderer Banken. Auch diese Zweckgesellschaften verfügen meist über kaum Eigenkapital. Das Geld für den Kauf leihen sie sich, ebenfalls durch den Verkauf von Schuldscheinen. Daraus entstanden häufig weitere Verbriefungen: So machten viele Zweckgesellschaften ihr Geschäft damit, dass sie verschiedene CDO einsammelten, wiederum zu neuen Paketen bündelten, neu strukturierten und davon abermals Tranchen mit verschiedenen Risikoklassen und Zinsen verkauften. Dies waren CDO zweiter Ordnung. Und es gab auch CDO dritter und weiterer Ordnung. Andere Zweckgesellschaften wiederum behielten die Kreditforderungen in ihren Büchern und machten aus ihnen »synthetische CDO«: Sie schlossen mit anderen Investoren Ausfallversicherungen gegen Kreditausfälle der zugrunde liegenden Kredite ab. Als Wertpapiere mutierten diese Credit Default Swaps (CDS) ebenfalls zu einem riesigen Geschäftszweig.

Zusammenfassung

In diesem System baut sich eine Kreditkaskade auf: Die Bank verkauft ihre Hypothekendarlehen an ihre Zweckgesellschaft. Die Zweckgesellschaft finanziert den Kauf durch den Verkauf von Schuldscheinen (ABS), deren »Wert« durch Einnahmen aus den Hypothekendarlehen gedeckt sein soll. Die Käufer dieser ABS finanzieren den Kauf ihrerseits durch die Ausgabe weiterer Wertpapiere. Oder sie verkaufen die ABS als CDO neu verpackt weiter an Institute, die ihrerseits Wertpapiere ausgeben, um den Kauf zu finanzieren. Und so weiter. Immer neue verbriefte Zahlungsversprechen werden zum Kauf von verbrieften Zahlungsversprechen ausgegeben. Diese Kaskade basiert auf erwarteten Zahlungsströmen.

Damit hat sich das Finanzkapital eine eigene Welt geschaffen, in der es sich permanent auf sich selbst bezieht. Die Realwirtschaft – die Kredite an US-Hausbauer und deren Bedienung – ist nur noch die Grundlage der Kaskade. Sie baut darauf auf, dass die Hauspreise steigen und/oder die den Paketen zu Grunde liegenden Kredite bedient werden. Doch das ist eben nur die Basis, auf die das Finanzgewerbe spekuliert. Abhängig sind die Preise all dieser Schuldscheine/Wertpapiere nur von einem: von der steten Nachfrage nach diesen Papieren durch das Finanzkapital. Diese Nachfrage wiederum ist – gemäß zirkulärer Börsenlogik – davon abhängig, dass die Käufer der Wertpapiere davon ausgehen, dass die Preise der Wertpapiere steigen werden oder zumindest stabil sind. Die Anleger in MBS, CDO, ABCP und sonstigen Papieren müssen sich also fragen, ob sie damit rechnen, dass auf dem Markt eine stete Nachfrage nach diesen Papieren bestehen wird. Solange sie damit rechnen, gedeiht das System prächtig: Wurden im Jahr 2001 von den privaten US-Banken hypothekenunterlegte Wertpapiere von rund 200 Milliarden Dollar ausgegeben, so stieg diese Summe im Jahr 2005 auf rund 1050 Milliarden Dollar. Das gesamte Volumen der MBS betrug im Jahr 2000 rund fünf Billionen US-Dollar. Bis zum Jahr 2007 kletterte es auf elf Billionen Dollar – ein riesiger Berg von Wertpapieren, die jeweils füreinander als Sicherheit dienten.

Die Krise

Wenn die Preise dieser Wertpapiere auf der Nachfrage nach ihnen basiert und diese Nachfrage abhängt von den erwarteten Preisen, dann ist klar: Das System bricht in dem Moment in sich zusammen, in dem der Kreditfluss versiegt. Und er versiegt, wenn die Mehrheit der Investoren davon ausgeht, dass die Mehrheit der Investoren davon ausgeht, dass die Nachfrage nach Hypothekenpapieren und damit ihre Preise fallen werden. Das geschah im Sommer 2007. Zu diesem Zeitpunkt gerieten die zwei Grundlagen der Spekulation auf die Spekulation auf den US-Hypothekenmarkt ins Wanken. Die erste Grundlage war ein Zinsniveau, das so niedrig ist, dass die Hauskäufer ihre Hypothekenschulden regelmäßig bedienen und die Zweckgesellschaften der Banken sich billig verschulden können, um den Banken die Kreditbündel abzukaufen. Daraus folgte die zweite Grundlage: eine stetige kreditfinanzierte Nachfrage nach Immobilien, die deren Preise nach oben treibt.

Als erstes stiegen die Zinsen. Zwischen 2004 und 2006 erhöhte die US-Zentralbank ihren Leitzins von 1% auf 5,25%. Das schlug unmittelbar auf die Kreditzinsen durch, da viele US-Hauskäufer Hypotheken mit variablem Zinssatz vereinbart hatten. Gleichzeitig flachte der Immobilienpreisboom ab. Mitte 2006 erreichte der Case-Shiller-Hauspreisindex sein Hoch bei 184,6 Punkten und begann seinen Abstieg. Bis 2012 sollte er auf 134 sinken.

Die steigenden Zinsen führten dazu, dass vermehrt Schuldner ihre Kredite nicht mehr bedienen konnten – insbesondere jene aus dem Subprime-Bereich. Stagnierende Hauspreise in Kombination mit Kreditausfällen ließen die Banken vorsichtig werden. Von Mitte 2006 bis Herbst 2008 – dem Höhepunkt der Finanzkrise – schrumpfte die Summe der in den USA neu vergebenen Hypothekenkredite von fast 1200 Mrd. Dollar auf unter 100 Mrd. Dollar. Diese Schrumpfung drückte die Nachfrage nach Immobilien und damit die Hauspreise. Gleichzeitig kamen über Zwangsversteigerungen immer mehr Immobilien auf den Markt, was die Preise weiter abwärts trieb.

Die Unsicherheit über die Fortdauer der Immobilienspekulation und damit über die »Werthaltigkeit« der mit Hypothekenkrediten unterlegten Wertpapiere führte im Sommer 2007 dazu, dass die Zweckgesellschaften der Banken für ihre Commercial Papers und CDO immer weniger Käufer fanden und in Schieflage gerieten. Ihre Mutter-Banken mussten ihre Zweckgesellschaften daher vielfach mit Milliarden vor der Pleite retten. Das wiederum unterminierte das Vertrauen in die Banken, die daraufhin keine Kreditnehmer mehr fanden und eigene Vermögenswerte zu fallenden Preisen notverkaufen mussten, was ihre Kapitalbasis schrumpfen ließ. Und das ließ an der Börse die Bankaktien fallen.

Im Sommer 2007 beobachtete der deutsche Sachverständigenrat (»Wirtschaftsweise«) bei Hypotheken-Wertpapieren, Bankaktien und -anleihen einen »sich kaskadenartig ausbreitenden Verfall von Vermögenswerten«: Der Index für hypothekenbasierte ABS mit Rating BBB (riskante Schuldner/Subprime) fiel bis Mitte 2008 um 95%. Der entsprechende Index für ABS der Kategorie AAA und Alt-A (gute und bessere Schuldner) sank um fast 60%. Auf dem Markt für Interbankenkredite – wo sich Banken untereinander täglich Geld leihen – kam es daraufhin im August 2007 zu Turbulenzen, teilweise versiegten die Liquiditätsströme. Dies brachte einige Banken an den Rand der Pleite, da Banken davon abhängig sind, sich jederzeit Geld zu leihen (siehe Kapitel 3). In dieser Situation sprangen die Zentralbanken als Ersatz-Kreditgeber ein, um eine Pleitewelle zu verhindern.

Stark betroffen von diesem allgemeinen Misstrauen war die fünftgrößte US-Investmentbank Bear Stearns: Im März 2008 musste sie 200 Mrd. Dollar auf ihr Wertpapierportfolio abschreiben, fand daraufhin keine Kreditgeber mehr und brach zusammen. Sie wurde von der Bank JP Morgan übernommen. Wenige Monate später gingen der US-Investmentbank Lehman Brothers die Kreditgeber aus. Am 15. September 2008 weigerte sich die US-Regierung, Lehman zu stützen. Gleichzeitig wollten andere Banken Lehman nicht übernehmen: Die britische Bank Barclays zog ein Übernahmeangebot zurück, nachdem die britische Notenbank ein zu hohes Risiko für den nationalen Bankensektor erwartet hatte. Lehman Brothers ging pleite, die Insolvenzmasse summierte sich auf 613 Mrd. Dollar. Die gleichzeitig strauchelnde US-Investmentbank Merrill Lynch wurde am selben Tag von der Bank of America aufgefangen – Merrill hatte seit 2007 Verluste von fast 20 Mrd. Dollar bilanziert. Wenige Tage später brach die größte US-Sparkasse, Washington Mutual, auf Grund des Abflusses von Einlagen zusammen und wurde von JP Morgan Chase übernommen.

Damit kam der Kreditfluss zwischen den Banken zum Erliegen. Das System fror ein, die Banken liehen sich untereinander kein Geld mehr, da unbekannt war, wo und bei wem welche Risiken in welcher Größenordnung lagen. »Ausgehend vom Zusammenbruch des US-Hypothekenmarktes breitete sich die Krise in rasender Geschwindigkeit rund um den Globus aus.«[7] Weltweit gerieten Banken in Schwierigkeiten, da sie abhängig waren vom steten Zufluss von Krediten anderer Banken oder von Geldmarktfonds. Sie kappten daraufhin die Kreditvergabe an die Realwirtschaft, die mit in den Sog gezogen wurde.

7 Reuters Insight, 27.7.2017.

Ende September schritten daher die Staaten ein: In Deutschland wurde die Hypo Real Estate (HRE) durch Bürgschaften des Staates und von Privatbanken vor dem Zusammenbruch bewahrt. Die irische Regierung gab eine Garantie für die Einlagen der größten Banken des Landes über 400 Mrd. Euro ab, das entsprach dem Doppelten der Wirtschaftsleistung des Landes. Die Regierungen Belgiens, der Niederlande und Luxemburgs retteten den belgisch-niederländischen Finanzkonzern Fortis. Im Oktober übernahm die isländische Regierung die Kontrolle über den gesamten Bankensektor des Landes, und die britische Regierung die Mehrheit an der Royal Bank of Scotland. Die deutsche Bundesregierung gründete einen Finanzmarkt-Stabilisierungsfonds über 480 Mrd. Euro, der HRE, Commerzbank, Bayerische Landesbank und HSH Nordbank auffing.

Unter Aufbietung von hunderten von Milliarden an Kapitalzuschüssen und Kreditgarantien gelang es den Regierungen in Europa und den USA, den Zusammenbruch des Systems aufzuhalten. Gleichzeitig sprangen die Notenbanken als Kreditgeber für die Banken ein, die sich untereinander nicht mehr trauten. Auf diese Weise wurden große Teile von privaten Kreditrisiken quasi verstaatlicht, also vom Staat garantiert.

Deutungen der Krise

Zumeist wird die Hypothekenkrise erklärt mit den Zahlungsnöten der US-Hausbauer, deren Einkommen nicht ausreichte, um ihre Kredite zu bedienen. Die Realwirtschaft hat in dieser Sichtweise den Finanzmarkt zum Einsturz gebracht. Das ist nicht ganz falsch. Doch ist diese Erklärung nicht vollständig. Allein die Verluste aus säumigen Hypothekenschuldnern können nicht erklären, warum das globale Finanzsystem Ende 2008 vor dem Zusammenbruch stand. Schließlich lag im ersten Quartal 2008 – kurz vor dem Höhepunkt der Finanzkrise – der Anteil der Immobilienkredite, die von den Schuldnern nicht mehr fristgerecht bedient werden konnten, in den USA bei nur 5,6% aller Hypothekenkredite. Das war niedriger als in den achtziger Jahren.

De facto basierte das gesamte System auf einer stetigen Nachfrage des Finanzkapitals nach Hypotheken-Wertpapieren, also auf dem Glauben der Spekulanten an die Fortdauer der Spekulation. Für diese Spekulation waren die Zahlungsnöte der realen US-Hausbauer lediglich ein Indikator für die Annahme, dass die Kreditkaskade einstürzen würde. Als sinkende Immobilienpreise, steigende Zinsen und erste Zahlungsausfälle von US-Hauskäufern Zweifel an der »Werthaltigkeit« der Investments nährten, drehte sich die Spirale rückwärts: Der Wert der verbrieften Kredite wurde in Zweifel gezogen, die Nachfrage nach ihnen sank und mit ihr die Preise der Wertpapiere – und erst das zog das Finanzsystem in den Abgrund. Das Finanzkapital selbst hatte seinen Aufschwung finanziert. Und als es Zweifel an diesem Aufschwung bekam, führte es die Krise herbei. »Die Spekulation geht gut, solange sie gutgeht«, so fasst es Thomas Steinfeld zusammen. »Der Wert steigt, solange er steigt. Das ist keine Schwäche dieses Prinzips, sondern die Tautologie, auf der es beruht. Es gibt unter den Bedingungen einer entfesselten Finanzwirtschaft keine andere Sicherheit als diese.«[8]

In Folge der Krise brach ein Sturm der Entrüstung über die Banker herein, in dem die Suche nach Schuldigen die Suche nach Gründen der Krise ersetzte. Die Banker hätten sich selbst überschätzt, hieß es, hätten aus *Gier und Unvernunft* leichtsinnig Kredite vergeben und die Risiken unterschätzt. Doch sind dies lediglich moralische Etikettierungen. Sie beruhen auf der Annahme, dass Krisen vermieden werden können, wenn die Spekulanten nur Vernunft und Vorsicht walten ließen. Dabei besteht die Vernunft der Spekulation allein im Bestreben nach Gewinnen. Selbst Banker, die den Zusammenbruch kommen sahen, stiegen nicht aus. Denn ihre Vernunft gebietet es, erst auszusteigen, wenn alle Gewinne gemacht sind und der Absturz kurz bevor steht. »Solange die Musik spielt, musst du aufstehen und tanzen«, sagte der Chef der Citigroup, Chuck Prince, im Sommer 2007, »und wir tanzen noch immer.«

Auch die Erklärung der Krise mit dem Fakt, dass es an den Märkten für CDO an *Transparenz* gemangelt habe, ist nur teilweise korrekt. Sicher vertiefte die Komplexität der hypothekenbesicherten Wertpapiere die Krise ebenso wie die Tatsache, dass Handel und Preisfeststellung der Papiere nicht öffentlich an einer Börse stattfanden, sondern in Telefonaten von Händlern der Bank vereinbart wurden. Daher griff ab 2007

8 Steinfeld, Thomas: Der Herr der Gespenster. München 2017, S. 100. Dem Publikum wird dieser Sachverhalt meist so erklärt, dass es an der Börse immer »Chancen und Risiken« gibt.

eine allgemeine Unsicherheit um sich, wie viel diese Papiere wert waren, welche Risiken sie beinhalteten und wer sie überhaupt besaß. Daraus kann man aber nicht schließen, dass vollständig informierte Anleger keine Krisen produzieren – vollständige Information gibt es in der Spekulation nie, weil die Spekulation sich immer auf die eigene Zukunft bezieht.

Der Vorwurf, die Banker hätten die eingegangenen *Risiken »unterschätzt«*, lebt ebenfalls von dem Marktideal, nach dem rationale Investoren die Marktrisiken stets korrekt bewerten und daher steigende Risiken irgendwann meiden. Angesichts der Krise kann man im Nachhinein natürlich immer behaupten, die Banker seien leichtfertig gewesen. Jedoch: Wenn ein Investor ein Crash-Risiko mit nur 1% bewertet und der Crash dennoch eintritt – kann man dann sagen, er habe das Risiko unterschätzt? Oder ist nur ein sehr unwahrscheinliches Szenario eingetreten?

Einige Ökonomen wiederum geben dem US-Staat die Schuld an der Krise. Die US-Notenbank, sagen sie, habe die *Zinsen* im Vorfeld des Crashs zu tief gesenkt. Daher hätten Banken zu viele Kredite zu billig an zu schlechte Schuldner vergeben, weswegen zu viele Häuser gebaut und zu viele Hypothekenpapiere aufgelegt worden seien. In dieser Argumentation spielt das »zu« die entscheidende Rolle. Ihre Grundlage ist abermals die Annahme eines effizienten Marktes, auf dem »zu« niedrige Zinsen rationale Investoren in die Irre geführt hätten. Letztlich steht dahinter das Ideal, dass Banken in einem »funktionierenden« Markt nur »gute« Kredite vergeben und keine »schlechten« – dass sie also nur Spekulationsgeschäfte betreiben, die auch aufgehen und nicht solche, die irgendwann krachen.

Zweischneidig ist schließlich ist auch die Kritik an den Banken, durch die Krise hätten neun Millionen Amerikaner ihr Haus verloren. Es stimmt, dass am Ende die Menschen für die Bereinigung der Krise zahlen mussten – und zwar nicht durch entwertete Spekulationspapiere, sondern durch den Verlust ihres Heims und oft auch ihres Arbeitsplatzes. Allerdings ist anzunehmen, dass ohne die Spekulation ein großer Teil dieser neun Millionen Menschen – und viele weitere – niemals ein Haus sich hätte leisten können. Auch unser Dach über dem Kopf hängt heutzutage ab von den Kalkulationen des Finanzkapitals.

9. Die Griechenlandkrise 2009

Die milliardenschweren Stützungen des Finanzsektors ab dem Jahr 2008 trieben die Schulden vieler Staaten in die Höhe. Gleichzeitig hatte die Finanz- und Wirtschaftskrise die Anleger vorsichtig gemacht. Der gerade durch die Politik gerettete globale Finanzsektor unternahm daher eine Neueinschätzung der Kreditwürdigkeit der Staatenwelt. Dabei geriet Griechenland in seinen Fokus. Das Land war 2001 der Euro-Zone beigetreten und hatte anschließend einen Kreditboom erlebt. Durch den Euro-Beitritt war für Griechenland-Anleger das Wechselkursrisiko einer abwertenden Drachme entfallen. Zudem waren die Wachstumserwartungen groß. Die griechische Regierung erhielt daher zunehmend billigere Kredite. In den Jahren ab 2001 konnte sie sich eine jährliche Neuverschuldung von durchschnittlich 6% der Wirtschaftsleistung leisten. Finanziert wurde dies durch den Zufluss internationalen Kapitals. Die Banken – insbesondere aus Frankreich und Deutschland – liehen Athen gerne, denn das starke Wirtschaftswachstum bestätigte ihren Optimismus. Die Staatsschuldenquote von rund 100% der Wirtschaftsleistung war zwar hoch, schien aber angesichts niedriger Zinsen tragbar.

Durch die globale Rezession schrumpfte auch Griechenlands Wirtschaftsleistung, was die Staatsschuldenquote zwischen 2007 und 2009 von 107% auf 129% des BIP steigen ließ. Dieser Anstieg weckte das Misstrauen der Kreditgeber, ebenso wie die Tatsache, dass Athen abhängig war vom Kreditfluss aus dem Ausland und dass ein großer Teil seiner Schulden flexible Zinsen hatte, die schnell steigen könnten.

Am 19. Oktober 2009 dann erklärte die neu gewählte griechische Regierung, die Vorgängerregierung habe die Lage der Staatsfinanzen falsch dargestellt. Die Neuverschuldung werde 2009 nicht wie versprochen auf 3,7% der Wirtschaftsleistung gesenkt, sondern läge eher bei 6% bis 8% (am Ende sollten es 17% sein). In der Folge schätzten die Akteure an den Finanzmärkten das Anlagerisiko für griechische Anleihen höher ein und verlangten daher höhere Zinsen von Athen. Damit setzte sich ein Zirkel in Gang: Die höheren Zinsen verschlechterten die Finanzlage der griechischen Regierung, wodurch die Märkte das Risiko noch höher veranschlagten, noch höhere Zinsen verlangten, was die Finanzlage weiter verschlechterte. Musste Athen im September 2009 für zehnjährige Anleihen noch 4,5% Zins zahlen, waren es im November 5,0%, im Dezember 5,8% und im Januar 2010 schon knapp 7%. Die griechische Regierung wandte sich daher an die EU-Staaten und den IWF um Hilfe, wurde aber abgewiesen mit der Begründung: In der Euro-Zone gibt es keine Beistandsgarantien, jeder Staat ist für sich selbst verantwortlich. Eine Unterstützung wäre »das falsche Signal«, so Bundeswirtschaftsminister Rainer Brüderle.

Ansteckung und Rettung

Die fortgesetzte Wirtschaftskrise und steigende Zinsen rückten Athen an den Rand der Pleite. In der Folge begannen die Akteure an den Märkten, auch das Anlagerisiko für andere kreditabhängige Euro-Staaten höher zu bewerten mit der Konsequez, dass die Zinsen für Portugal, Spanien und Irland anstiegen. Mit dieser »Ansteckung« der ganzen Euro-Peripherie stand eine Kettenreaktion zu befürchten, in der Euro-Staaten zahlungsunfähig würden, ihre Hauptgläubiger – die Banken – mit in den Abgrund rissen, dadurch die Kapitalflucht aus anderen Euro-Staaten angefeuert würde, bis am Ende die gesamte Währungsunion auseinanderbräche.

Daher beschlossen die EU-Staaten im April 2010, Griechenland doch Notfallkredite zu geben, um seine Pleite abzuwenden. »Retten« sollten diese Kredite allerdings nicht die Griechen, die Schulden des Landes blieben ja erhalten und wurden vergrößert.[9] Gerettet wurden erstens die Kreditgeber, die europäischen Banken, die zu diesem Zeitpunkt noch Griechenland-Kredite über 120 Milliarden Euro in ihren Büchern hatten. Und zweitens die Euro-Zone selbst, die sich vor den Folgen eines Zahlungsausfalls schützen wollte. Dieses Motiv der Rettung wurde vom Europäischen Rat bei der Schaffung des »Euro-Schutzschirms« ESM explizit formuliert: Der ESM sei ein Stabilitätsmechanismus, »der aktiviert wird, wenn dies unabdingbar ist, um die Stabilität der Euro-Zone als Ganzes zu sichern.«[10]

9 Der größte Teil der Stützungskredite von am Ende 230 Milliarden Euro war auch nicht für den griechischen Staatshaushalt vorgesehen, sondern für die Bedienung der griechischen Schulden.

10 Wissenschaftliche Dienste Deutscher Bundestag, Nr. 04/11 (14.3.2011) https://www.bundestag.de/resource/blob/191744/c90d7d6f4589e44978ab8e6abf9d22ed/europaeischer_stabilitaetsmechanismus-data.pdf.

Mit den staatlichen Notfallkrediten war Griechenland von den Märkten abgeschirmt. Die Spekulation gegen andere Euro-Staaten setzte sich jedoch fort. Zwar hatten weder Irland noch Portugal hohe Staatsschulden oder -defizite. Jedoch hatten ihre privaten Haushalte und Banken große Summen im Ausland geliehen. Am 22. November 2010 erreichten die Zinsen für irische Anleihen 7%, das Land musste von der EU aufgefangen werden. Als fünf Monate später die Zinsen für Portugal auf 10% kletterten, war auch Lissabon an der Reihe.

Doch auch dies stoppte die Spekulation nicht: Im Jahr 2012 forderten die Anleger von den Euro-Schwergewichten Italien und Spanien immer höhere Zinsen. Das Ende der Spekulation führte schließlich die Europäische Zentralbank (EZB) herbei: Sie übernahm die Garantie für die Schulden aller Euro-Länder, indem sie sich als letzter Kreditgeber und Käufer von Euro-Staatsanleihen zur Verfügung stellte. Und das war eine glaubhafte Garantie, schließlich kann eine Zentralbank die eigene Währung quasi unbegrenzt schöpfen. Gegen eine mächtige Zentralbank, so lautet eine Börsenweisheit, kommt man nicht an.[11]

Mit der EZB-Garantie endete die Spekulationsspirale gegen die Euro-Peripherie, die Zinsen sanken wieder. Die Euro-Zone war stabilisiert, nicht jedoch die Länder, die Notfallkredite in Anspruch genommen hatten. Im Gegenzug für die Kredite mussten sie harte Sparmaß-

11 Das zeigt, dass die EZB Griechenland durchaus hätte von seinen Problemen befreien können. Dass sie dies nicht tat, war eine politische Entscheidung, keine ökonomische Notwendigkeit.

nahmen durchsetzen. Hunderttausende von öffentlichen Stellen wurden gestrichen, die Sozialausgaben sanken. Gleichzeitig mussten sie ihre Wettbewerbsfähigkeit erhöhen, vor allem durch eine Verringerung des Lohnniveaus, durch Abbau des Kündigungsschutzes, das Streichen von Feiertagen und die Absenkung von Mindestlöhnen und Arbeitslosengeld. Die folgende Verarmung weiter Teile der Bevölkerung war keine Folge der Krise, sondern eine Auflage der Gläubiger, die das Vertrauen der Finanzmärkte wieder herstellen sollte.

Die Sparauflagen verschärften die Wirtschaftskrise – nach vier Jahren »Rettung« war Griechenlands Staatskonsum um 40% und die Wirtschaftsleistung um ein Viertel niedriger. Die Sozialausgaben schrumpften bis 2013 um fast 30%, 2014 lebte ein Drittel der Bevölkerung unter der – ohnehin niedrigen – Armutsgrenze. So hafteten die Menschen für die Wiederherstellung des Vertrauens der Finanzmärkte in die Kreditwürdigkeit ihrer Regierungen und damit für die Stabilisierung der Euro-Zone.

Deutungen der Krise

Während für die Internet-Blase 2000 zu gleichen Teilen die Aktieninvestoren und die Internet-Unternehmer verantwortlich gemacht wurden, gab man im Falle der US-Hypothekenkrise vor allem den Banken die Schuld. In der Griechenland-Krise dagegen standen zumindest in Deutschland nicht die Kreditgeber am Pranger, sondern der Kreditnehmer: die griechische Regierung und ihre Bevölkerung. Ursache der Krise sei gewesen, dass

Athen zu viele Schulden aufgenommen habe, dass das Lohnniveau in Griechenland zu hoch gewesen sei, die Renten zu teuer, das Gesundheitswesen aufgebläht, der Staat korrupt und so weiter.[12] Andere Kommentatoren verwiesen auf Konstruktionsfehler der Euro-Zone, die eine Krise unausweichlich gemacht hätten.

Unausweichlich war die Krise Griechenlands allerdings nicht. Sie war schlicht Ergebnis der Einschätzungen von Akteuren an den Finanzmärkten, die schrittweise auf eine Pleite Athens spekulierten. Hatten sie in den Vorkrisenjahren die Milliarden-Kapitalzuflüsse nach Südeuropa noch als Zeichen für glänzende Wachstumsaussichten interpretiert, so deuteten sie ab 2009 diese Zuflüsse als gefährliche Kreditabhängigkeit der Region. Dass »die Anleger eine Pleite Griechenlands fürchteten«, wie es damals hieß, ist nicht die Wahrheit. Denn so funktioniert die Börsenlogik nicht, Märkte »fürchten« nichts. Tatsächlich spekulierten Anleger auf wachsende Finanzprobleme Athens, weil sie davon ausgingen, dass die Mehrheit der Anleger auf wachsende Finanzprobleme Athens spekulieren würde. Der daraus resultierende Zinsanstieg gab der Spekulation recht, die sich daraufhin fortsetzte. Das gleiche im Fall von Irland und Portugal.

Zwangsläufig sind derartige »Vertrauenskrisen« nie, ebensowenig wie die »Ansteckung« anderer Länder.

12 Zur Stichhaltigkeit dieser Erklärungen siehe: Die Halbstarken von Athen. Rosa-Luxemburg-Stiftung 2015. Sinn, Widerspruch und Krise der Euro-Zone erklärt die Video-Reihe »Euro-Vision in der Krise«: https://www.youtube.com/watch?v=6dyWRfZJyF4, https://www.youtube.com/watch?v=YRLc4DbK6kc, https://www.youtube.com/watch?v=ffCgjlggqhg.

Ein bloßer Zufall war die Krise Griechenlands aber auch nicht. Denn im Vergleich mit anderen Ländern und Geldanlagen stand Athen in Sachen Verschuldung und Wirtschaftswachstum relativ schlecht da, es hatte aus den Krediten zu wenig Wachstum gemacht. Es verfügte über keine Beistandsgarantien der anderen Euro-Länder. Und anders als die meisten anderen Länder der Welt verfügte Griechenland wegen seiner Euro-Mitgliedschaft auch über keine eigene Zentralbank, die die Gläubiger zur Not mit neu geschaffenem Geld hätte auszahlen können.[13] In einem historischen Moment, in dem die Finanzmärkte nach Sicherheit suchten und Risiken mieden, war Griechenland schlicht das schwächste Glied in der Kette.

Dass Griechenland »zu hoch« verschuldet war, diese gängige Erklärung der Krise kann man in zwei Richtungen auflösen: Es hatte zu viele Kredite genommen. Oder die Banken hatten ihm zu viele Kredite gegeben. Beides ist letztlich das Gleiche. Für die politische Deutung entscheidend war aber, dem Kreditnehmer die Schuld zuzuweisen. Denn damit wurde gleichzeitig festgelegt, wer die Anpassungslast zu tragen hat: die Griechen.

Eine Anmerkung noch zu der populären Diagnose, im Falle der Euro-Krise habe es sich um eine »Schuldenkrise« gehandelt. Im Juli 2011 fragte die *Bild-Zeitung* in großen Lettern »Geht die ganze Welt bald pleite?«

13 Die EZB ist kein Organ des griechischen Staates, sondern der gesamten Euro-Zone. Sie war daher dem Zugriff Athens entzogen. Während Länder wie die USA, Großbritannien oder Japan stets auf die implizite Garantie ihrer Zentralbanken zählen können, war dies Griechenland also nicht möglich.

Einen Monat später titelte das Magazin *Der Spiegel*: »US-Verschuldung, Euro-Krise, Börsenchaos – Geht die ganze Welt bankrott?« Diese Fragen können einerseits getrost verneint werden. Denn im Kapitel 5 dieses Buches wurde gezeigt, dass Schulden der einen immer auch Vermögen der anderen sind – kein Schuldner ohne Gläubiger. »Die Welt« kann daher nie pleite gehen, denn Schulden und Vermögen gleichen sich immer aus.

Doch das ist nur die eine Seite. Denn gleichzeitig ist klar, dass das Weltfinanzvermögen sich in Luft auflöst, wenn die Schuldner ihren Verpflichtungen nicht nachkommen. Der Reichtum im Kapitalismus ist ein Anspruch auf Vermehrung – im Falle von Krediten auf Vermehrung durch die Schuldner. Es ist diese Bewegung der Verwertung, dieses aus Geld Mehr-Geld machen, auf der das System basiert. Es handelte sich daher bei der Euro-Krise wie auch bei der Internet-Blase oder bei der US-Hypothekenkrise nicht um eine bloße Krise der Schuldner, sondern um eine Verwertungskrise des Kapitals.

Die Ursachen dieser Verwertungskrisen lagen in keinem der Fälle in einem Mangel, sondern in einem Überfluss: Es existierten zu viele Unternehmen in Südeuropa, zu viele Arbeitsplätze, zu viele US-Immobilien, zu viele Internet-Start-ups und gleichzeitig zu viel Geldkapital in Form von Wertpapieren, seien es Griechenland-Anleihen, US-Immobilienpapiere oder Technologie-Aktien. Dieser Reichtum wurde zu Teilen in den Krisen vernichtet. Vernichtet wurde er, weil er zu groß geworden war. Zu groß war er geworden gemessen an dem Anspruch, immer größer zu werden, sich zu verwerten.

10. Corona – ein Virus bringt die Weltwirtschaft ins Wanken

Anfang des Jahres 2020 begann ein neuartiges Coronavirus, SARS-CoV-2, sich in der Welt auszubreiten. Von China aus kam es nach Europa, in die USA und schließlich in viele andere Länder. Eine der Folgen der Pandemie war eine Wirtschaftskrise, die laut Prognosen schwerer werden würde als die große Krise ab 2008. Es handelte sich dabei allerdings weniger um eine Naturkatastrophe, sondern um eine Krise, die deutlich kapitalistische Züge trug. Bevor diese Krise und die Reaktionen der Staaten auf sie dargestellt werden, werfen wir kurz einen Blick auf die ökonomische Situation, auf die diese Pandemie überhaupt traf.

Die Vor-Corona-Welt – eine aufgeschobene Krise

Bereits ab Ende 2019 wurde vor einer neuen Finanzkrise gewarnt. Der IWF sah in seinem *Global Financial Stability Report* im Herbst 2019 wachsende »Verwundbarkeiten« der Weltfinanzmärkte: Die Schulden der Unternehmen seien stark angestiegen, so der Fonds, die Schwellenländer hingen immer stärker an Kapitalzuflüssen aus dem Ausland. Aufgrund der hohen Schulden in den Industriestaaten hielten ihre Zentralbanken die Zinsen niedrig, um die Schuldenbedienung zu erleichtern. Diese niedrigen Zinsen allerdings führten erstens dazu, dass vermehrt Schulden gemacht wurden; zweitens litten Sparer wie auch Banken und Lebensversicherer darunter, dass sichere Geldanlagen keinen Zins mehr brachten; drittens gingen angesichts der niedrigen Zinsen Investoren weltweit auf die »Jagd nach Rendite« und steckten ihr Geld vermehrt in riskante Geldanlagen, um höhere Renditen zu erzielen. So erreichten viele Aktienmärkte Anfang 2020 neue Rekordhöhen, an den Immobilienmärkten wurde vor Blasen gewarnt, und selbst um griechische Staatsanleihen rissen sich die Investoren. Diese Situation war eine direkte Folge aus den vorangegangenen Krisen.

Um gegen eine massenhafte Entwertung von Finanzanlagen und eine globale Krise anzugehen, hatten die Regierungen der großen Wirtschaftsräume ab 2009 zum Großteil Garantien für die faul gewordenen privaten Finanzanlagen übernommen. Dafür hatten sie sich riesige Summen geliehen, Folge war ein drastischer Anstieg der öffentlichen Schulden. So verdoppelten sich die weltweiten Staatsschulden zwischen 2007 und 2019 auf 70 Billionen Dollar. Staatliche und private Schulden addiert, erreichten 2019 den Rekord von 255 Billionen Dollar. Das entsprach über 320% der Weltwirtschaftsleistung – 2007 hatte dieser Wert noch bei rund 280% gelegen.[14] Das bedeutet: Die globale Wirtschaftsleistung war noch stärker durch Kredit vorfinanziert und dadurch aufrechterhalten worden.

Um diese Schuldenlast tragbar zu halten, waren die Zentralbanken insbesondere der USA, der Euro-Zone, Japans und Großbritanniens eingesprungen. Mit ihrer theoretisch schrankenlosen Zahlungsfähigkeit kauf-

14 IIF: Global Debt Monitor, 6.4.2020.

ten sie für Abermilliarden Anleihen ihrer Staaten und Unternehmen auf. So erwarb allein die Europäische Zentralbank zwischen 2015 und 2019 Euro-Anleihen über 2,3 Billionen Euro. Weitere Milliarden pumpten die Notenbanken durch Kredite zu niedrigsten Zinsen in ihre Bankensektoren. Darüber blähten die Zentralbanken der USA, der Euro-Zone, Großbritanniens und Japans ihre addierte Bilanzsumme ab 2007 von 3000 auf 16.000 Milliarden Dollar auf. So wurden sie zu Groß-Gläubigern ihrer eigenen öffentlichen und privaten Sektoren. »Heute stehen alle Zentralbanken in den OECD-Ländern für die Solvenz der Wirtschaftsakteure und Staaten gerade«, stellte die französische Bank Natixis Ende 2019 fest.[15]

Damit wurde die große Krise zwar abgemildert, aber das zugrunde liegende Problem nicht gelöst. Die Massen an globalen Finanzanlagen waren zwar zum Großteil gerettet, blieben aber genau dadurch als Renditeansprüche erhalten. Und sie waren gigantisch: Seit 1990 war der Wert des globalen Finanzvermögens – Aktien, Anleihen, Kredite – von 220% auf 340% der Weltwirtschaftsleistung gestiegen. Um die Renditeansprüche tragbar zu machen, hielten die Zentralbanken die Zinsen unten und kauften immer weitere Wertpapiere auf. Die Hoffnung dahinter war: Wenn der Preis für Kredite nur niedrig ist, leiht sich die Realwirtschaft Geld und finanziert daraus ihr Wachstum. Doch die Zentralbanker mussten lernen: Sinkende Zinsen sind nur

15 Natixis: Flash Economics, 6.1.2020.

eine Bedingung für Wirtschaftswachstum, nicht aber ein hinreichender Aktivierungsimpuls: Trotz Niedrigzinsen blieb die Konjunkturentwicklung vielfach enttäuschend lahm.

Erklärt wurde dies meist damit, dass die Unternehmen »verunsichert« seien und daher das »Risiko« scheuten, was ihre »Investitionsneigung« hemme. Doch erklärt sich eine Lage nicht dadurch, dass sie von der sensiblen Unternehmer-Psyche als riskant eingeschätzt wird. Vielmehr zeigte sich in dieser Einschätzung das Problem, mit dem die globale Wirtschaft seit einiger Zeit konfrontiert ist: Überproduktion und Überakkumulation. Der Markt ist vielfach gesättigt, zum Beispiel bei Industriegütern wie Autos. Viele Unternehmen verfügen zudem über ausreichend Geld in ihren Kassen, sie bräuchten nicht einmal Kredit. Doch sie investieren nicht, weil sie keine weitere Steigerung des Absatzes erwarten. Nicht einmal China sorgte zuletzt noch für globales Nachfragewachstum: Seine Importe – deren Boom jahrelang die Bilanzen globaler Unternehmen und Rohstofflieferanten vergoldet hatte – stagnierten ab 2019.

Zu spüren bekommt die Welt die Überakkumulation von Kapital zum einen durch schwache Wirtschaftswachstumsraten. Zum anderen durch die hartnäckig niedrige Inflation: Die Unternehmen sind aufgrund des überfüllten Marktes kaum in der Lage, höhere Preise durchzusetzen. Die Nachfrage der Haushalte wird zudem dadurch begrenzt, dass die Löhne trotz sinkender Arbeitslosigkeit kaum steigen. Ein Grund dafür ist die

Existenz eines mittlerweile globalen Arbeitsmarktes, der die Beschäftigten international in Konkurrenz zueinander setzt, was ihre Verhandlungsmacht schwächt.

Gegen schwaches Wirtschaftswachstum und niedrige Inflation versuchten die Zentralbanken anzugehen. Damit aber trieben sie die Überakkumulation weiter voran, und zwar doppelt: An den Finanzmärkten ließen ihre niedrigen Zinsen Unsummen in die Aktien- und Immobilienmärkte fließen, die dort für Höchststände sorgten – der Wert der an den Weltbörsen notierten Aktien stieg 2019 um knapp 17 Billionen Dollar. In der Realwirtschaft wiederum ermöglichten die billigen Kredite auch solchen Unternehmen das Überleben, die unter schärferen Renditeanforderungen untergegangen wären – so entsteht das Problem der sogenannten Zombie-Unternehmen. Die »Zombies« gingen nicht pleite, sie blieben am Markt, Bereinigung und Entwertung fielen aus, was den anderen Unternehmen das Leben ebenfalls schwer macht. Daraus resultierte wiederum ein schwaches Wachstum, und das zwang die Zentralbanken, die Zinsen weiter unten zu halten. Folge: Für sichere Investments gab es keinen Ertrag mehr. So schlug die globale Verwertungskrise auf das Finanzkapital zurück.

Ab 2019 ließ dann auch noch das bereits schmale Wirtschaftswachstum nach, es drohte eine Rezession. Das befeuerte den Kampf der ökonomischen Weltmächte untereinander: Bei wem würde die Entwertung zuschlagen und wer hätte den längeren Atem. So erklärt sich beispielsweise der US-amerikanische

»Handelskrieg«, mit dem die US-Regierung versucht, ihren Unternehmen bessere Verwertungsbedingungen auf dem überfüllten Weltmarkt zu schaffen. Andere Staaten wie Deutschland legten »Nationale Industriestrategien« auf, um ihre Unternehmen vor der ausländischen Konkurrenz zu schützen. Zunehmend setzte sich in der Politik die Ansicht durch, dass Wachstum nur noch auf Kosten der Wettbewerber erzielt werden kann. Hohe Schulden, niedriges Wachstum, eine durch die Zentralbanken verhinderte Krise, verschärfte Weltmarktkonkurrenz – in diese Situation fiel der Ausbruch des Corona-Virus.

Corona – keine Naturkatastrophe

Das Virus SARS-CoV-2 verursachte in den betroffenen Ländern verschiedene Probleme. Das erste war die medizinische Versorgung. Ein drastischer Anstieg der Erkrankten traf vielerorts auf ein Gesundheitssystem, das dafür nicht ausgerüstet war. Es mangelte an freien Kapazitäten in den Krankenhäusern – eine Folge der Tatsache, dass die Gesundheitssysteme in allen Ländern unter dem Gesichtspunkt der Kosteneffizienz organisiert worden sind und unter diesem Aspekt ungenutzte Kapazitäten eine Verschwendung von Mitteln darstellen.

Um die Ausbreitung des Virus zu verlangsamen und damit die Belastung der Gesundheitssysteme über eine längere Zeit zu strecken, wurde ein sogenannter Lockdown nötig, also verschiedene Maßnahmen wie Ausgehverbote, Quarantäne, Schließung öffentlicher Einrichtungen, von Restaurants und Veranstaltungsorten, Büros und Geschäften. Da solche Maßnahmen das Wirtschaftswachstum belasten, wurden sie in den meisten Ländern lange hinausgezögert, wodurch die Zahl der Infektionen anstieg.[16] Als der Lockdown dann schließlich umgesetzt wurde, traf dies die Unternehmen hart. So wurde für die Euro-Zone im April 2020 mit einem Rückgang der Wirtschaftsleistung gerechnet, wie er in Friedenszeiten noch nicht vorgekommen ist. Die Finanzmärkte reagierten umgehend: In Erwartung schrumpfender Unternehmensgewinne brachen die Aktienmärkte in den ersten drei Monaten des Jahres 2020 um rund ein Viertel ein.

Die Corona-Krise ist also in doppeltem Sinne der herrschenden Wirtschaftsweise geschuldet. Erstens handelt es sich nicht so sehr um eine Naturkatastrophe, sondern um eine Infrastrukturkrise, ausgelöst durch Gesundheitssektoren, die nach Kosteneffizienz – also dem Gebot der Sparsamkeit – organisiert werden.[17] Zweitens traf der Lockdown eine Wirtschaftsweise, in der Stillstand nicht einfach Stagnation bedeutet, sondern Zerstörung von Wirtschaftskraft. Dies sei kurz erläutert, weil es die Grundlagen des Kapitalismus deutlich macht.

16 Bemerkenswert an dieser Stelle: Die Schließung von Fabriken versuchten Regierungen in vielen Ländern zu vermeiden. So trat der Lockdown in Italien am 8.März 2020 in Kraft, Fabriken wurden aber erst auf gewerkschaftlichen Druck am 23. März geschlossen. In Deutschland wurde die Produktion weniger auf behördliche Anordnung gestoppt, sondern meist wegen des Ausfalls von Arbeitskräften, Zulieferprodukten und Nachfrage.

17 Dass in vielen Ländern aufgrund ihrer Armut die Gesundheitsversorgung ohnehin nur rudimentär vorhanden und für große Bevölkerungsteile kaum zugänglich ist, ist ebenfalls ein Ergebnis des kapitalistischen Weltmarktes.

Die Wirtschaft halte eine vorübergehende Unterbrechung des Geschäftsgangs nicht aus, heißt es. Doch worin besteht das ökonomische Problem? Zunächst nicht in der Versorgung. Außerhalb des Gesundheitssektors herrscht kein Mangel an notwendigen Gütern. Zwar stehen viele Fabriken still, Geschäfte sind geschlossen. Doch die Produktion des Notwendigen findet weiter statt. Wohnungen, Strom, Gemüse, sogar Klopapier sind vorhanden. Es mangelt auch nicht akut an jenen Gütern, die aufgrund des Lockdown gerade nicht produziert werden – der Vorrat an Autos und Smartphones ist vorerst ausreichend. Warum droht dennoch die Zerstörung von Wirtschaftsleistung allein durch die Tatsache, dass die Menschen in Zwangsurlaub geschickt wurden?

Bestünde die Aufgabe der Unternehmen schlicht in der Produktion von Dingen, die die Menschen brauchen, so läge zunächst kein gravierendes Problem vor, zumindest nicht im reichen Norden. Doch wie in Kapitel 1 dieses Buches dargestellt, rechnen kapitalistische Unternehmen anders: Sie investieren eine Summe Geldes, kaufen Arbeitskräfte, lassen sie Güter produzieren, um diese Güter dann zu verkaufen. Sie geben das Produzierte nur her gegen Zahlung, denn ihr Ziel liegt am Ende in einem Überschuss in Form von Geld. Dieses vermehrte Geld investieren sie anschließend neu.

Diese Kette der Zahlungen unterbricht ein Lockdown. Ergebnis: Unternehmen können nicht produzieren, ihnen entgehen Einnahmen. Sie kaufen daher keine Produktionsmittel ein und streichen Jobs. Dadurch entgehen wiederum ihren Beschäftigten und Zulieferern Einnahmen. Die Kette von Zahlungen, die das Wirtschaftssystem am Laufen hält, ist damit gerissen. Individuell bekamen viele Wirtschaftssubjekte dies als fortschreitenden oder drohenden Geldmangel zu spüren: Sie konnten nicht zahlen.

Verdeutlichen lässt sich das Problem einer kapitalistischen Wirtschaft mit Stillstand am Beispiel von Apple. Der US-Konzern lebt davon, regelmäßig jedes Jahr ein neues iPhone auf den Markt zu bringen. Doch als die Produktion im März 2020 stillstand, verzögerte sich die Auslieferung des neuen 5G-iPhone um einige Monate. Für die Verbraucher wäre das im Prinzip kein Problem gewesen, Smartphone-Knappheit bestand nicht. Doch lagen durch den Produktionsstopp von Apple Aufträge an die Zulieferer über 260 Milliarden Dollar auf Eis. Das gefährdete die Zulieferer und alle an ihnen hängenden Beschäftigten. Denn ihr Kapital verwertete sich nicht und war dadurch von Zerstörung bedroht.

Das Münchener Institut für Wirtschaftsforschung (Ifo) prognostizierte Ende März 2020, der Lockdown werde die deutsche Wirtschaft zwischen 255 und 500 Milliarden Euro kosten.[18] »Kosten« bedeutet hier nicht, dass Geld gezahlt werden muss, das fehlt. Sondern die Kosten fallen laut Ifo-Institut in »verlorengegangener Wertschöpfung« an, also darin, dass nicht permanent neu produziert, verkauft und dadurch Kapital verwertet

18 Ifo-Institut: Die volkswirtschaftlichen Kosten des Corona-Shutdown für Deutschland. ifo Schnelldienst, 2020, 73, Nr. 04.

wird. Das ist es, was die Wirtschaft nicht aushält. Ginge es in der Wirtschaft bloß um die Produktion der von den Verbrauchern benötigten oder gewünschten Güter, könnten die Unternehmen ein paar Wochen Pause aushalten. Doch hängt das herrschende Wirtschaftssystem davon ab, dass ohne Unterbrechung gekauft, produziert und mit Gewinn verkauft wird. Von dem daraus resultierenden Wachstum ist die Versorgung der Menschen abhängig gemacht – bleibt es aus, folgen Pleiten, Arbeitslosigkeit, Kapitalvernichtung. Weder die Probleme des Gesundheitssektors noch die der Wirtschaft mit dem Coronavirus sind also naturgegeben.

Der Staat rettet die Wirtschaft – mit Kredit

Angesichts eines teilweise stillgelegten Geschäftsgangs und gerissener Zahlungsketten machten sich die ökonomisch potenten Staaten daran, ihr Wirtschaftssystem zu retten: Sie zahlten den Entlassenen Arbeitslosenhilfe, sie übernahmen über Kurzarbeitergeld Teile des Lohns, sie unterstützten große Konzerne und den Mittelstand mit Zuschüssen, Krediten und Garantien und vieles mehr. Auf diese Weise kompensierten sie teilweise die Zahlungsausfälle des privaten Sektors und fingierten mit öffentlichen Mitteln einen halbwegs funktionierenden Kapitalkreislauf. Die öffentliche Hand wurde zum Kreditgeber, Investor und Kostenträger der letzten Instanz.

Da den Regierungen die Mittel dazu fehlten, nahmen sie massiv neue Schulden auf – die Ausgabenprogramme der Euro-Zone überstiegen jene im Zuge der

Finanzkrise ab 2008. Das Volumen an Schuldscheinen, das Euro-Staaten laut Planungen vom April 2020 auf den Finanzmarkt bringen wollten, lag bei mehr als dem Doppelten des Jahres 2019: ein Anstieg von 850 Milliarden Euro auf rund 2000 Milliarden Euro. Das Gleiche in anderen Ländern: In den USA zeichnet sich für das Jahr 2020 ein Haushaltsdefizit von knapp 20% der Wirtschaftsleistung ab. Japans Ausgabenprogramm umfasst knapp eine Billion Dollar. Man kann diese Strategie auch so beschreiben: Die Staaten vergesellschaften nicht die Produktion und Verteilung, sie lassen sie in privater Hand und vergesellschaften stattdessen die Schulden, mit denen sie die Privatwirtschaft über Wasser halten.

Die neuen Schulden addieren sich zu den rekordhohen Altschulden – und das angesichts einer globalen Wirtschaftskrise. Den wachsenden Schuldenberg haltbar zu machen, den kreditgebenden Finanzsektor zu stützen, Bankpleiten wie auch die Vernichtung von Finanzkapital in Form von Anleihen und Aktien zu verhindern – diese Aufgabe fällt wie schon vor der Corona-Krise den Zentralbanken der großen Wirtschaftsmächte zu, zuvorderst in den USA und der Euro-Zone.

Die EZB legte ein weiteres Ankaufprogramm für staatliche und private Schuldscheine über 870 Milliarden Euro auf und sagte zu, im Notfall ohne Einschränkung mehr Papiere zu erwerben. Erstmals kauft die EZB auch kurzlaufende Schuldscheine von Unternehmen, um den Kreditfluss aufrechtzuerhalten und Firmenpleiten zu verhindern. Darüber hinaus stützt sie den europäischen Bankensektor mit hunderten von Milliarden von

Krediten zu niedrigen Zinsen. Verhindert wird dadurch ein »Credit Crunch«, also ein Versiegen des Kreditflusses, der Unternehmen in der Realwirtschaft ruiniert.

Die US-Notenbank handelte ähnlich: Sie senkte ihre Leitzinsen auf nahe 0%, um Geschäftsbanken den Zugang zu Zentralbankgeld zu sichern. Daneben legte sie ein Anleihekaufprogramm mit unbeschränktem Volumen auf. Durch dieses Programm erwirbt sie Anleihen des Staates und hypothekengesicherte Wertpapiere. Zudem vergibt sie direkt und indirekt über den Bankensektor Kredite an Banken, Unternehmen, Kommunen und Geldmarktfonds, die ihrerseits Banken Geld leihen. Durch diese Programme, so schätzte die Commerzbank im April, werde sich die Bilanzsumme der US-Notenbank von rund 4 auf 10 Billionen Dollar verdoppeln, das entspräche fast 50% der US-Wirtschaftsleistung. Diese Bilanzsumme beziffert den Kredit, den die US-Notenbank ihrer Regierung und dem Privatsektor gibt.

So sieht Finanzierung im Corona-Kapitalismus also aus: Eine Regierung oder ein Unternehmen verschuldet sich und gibt dafür eine Anleihe heraus. Die Bank erwirbt die Anleihe und borgt dem Staat oder dem Unternehmen Geld. Anschließend verkauft die Bank die Anleihe an die Zentralbank oder beleiht sie dort, um sich neues Geld zu besorgen. Das Geld hat die Zentralbank nicht zuvor eingenommen, sie schafft es selbst. Der Wirtschaftskreislauf in Zeiten des Shutdown basiert also auf einem doppelten staatlichen Kredit: Regierungen nehmen Kredit und pumpen Geld in den Privatsektor, dessen Zahlungsketten gerissen sind. Die daraus resultierenden staatlichen Schuldscheine garantiert die Zentralbank, sie hält die Zinsen niedrig und gewährleistet so, dass die gestiegene Schuldenlast tragbar und privater wie öffentlicher Sektor kreditwürdig bleiben.

Damit agieren die Zentralbanken als Garanten des Systems und als »Gläubiger der letzten Instanz« für Regierungen und Unternehmen. Dazu sind Zentralbanken in der Lage, weil sie ihre Währung selbsttätig schöpfen können und daher unbegrenzt zahlungsfähig sind. »Uns wird die Munition nicht ausgehen«, sagte US-Zentralbankchef William Powell am 3. April 2020 der Nachrichtenagentur Bloomberg. Und EZB-Chefin Christine Lagarde versicherte, sie werde tun »was immer nötig ist«, um den Finanzsektor zu stabilisieren.

Zum Schluss noch eine Anmerkung: In diesem Kapitel wurde beschrieben, wie die Corona-Krise die Wirtschaft traf und wie die Staaten darauf reagierten, indem sie neue Schulden aufnahmen. Doch beschreibt dies nur den allgemeinen Sachverhalt. In der konkreten Realität existieren enorme Unterschiede. Erstens zwischen den Staaten: Die Möglichkeit der Verschuldung und der anschließenden Garantie der Schulden durch die Zentralbank – dies ist eine Strategie, die nur ökonomisch potenten Staaten mit einer weltweit nachgefragten Währung offensteht. Denn sie finden im Finanzsektor stets Kreditgeber, für das globale Finanzkapital dienen Euro, Dollar, Yen und Pfund als »sichere Häfen«. Die meisten Länder der Welt hingegen genießen diese Freiheit nicht, da sie als wenig kreditwürdig gelten. Im ersten Quartal 2020 bilanzierten die sogenannten

Entwicklungs- und Schwellenländer einen rekordhohen Abfluss an Kapital. Bis Anfang April 2020 haben daher 90 Länder den Internationalen Währungsfonds um Hilfskredite ersucht. Und angesichts der drohenden Überschuldung vieler ärmerer Staaten brachte der IWF die Idee eines globalen Schuldenmoratoriums auf, also eines Zahlungsaufschubs für die Kreditbedienung. Im Klartext: Die Rettung der Wirtschaft vor der Krise muss ein Staat sich leisten können.

Zweitens existieren Unterschiede nicht nur zwischen Ländern, sondern auch in jedem einzelnen Land. Weniger wohlhabende Menschen bekommen die Krise viel stärker zu spüren als diejenigen, die finanziell besser abgesichert sind. In vielen Ländern wird die sogenannte Corona-Krise schnell eine Frage von Leben und Tod für jene, die nicht über eine ausreichende Krankenversicherung verfügen. Und auch die nachfolgende Rezession trifft besonders jene, die in den vergangenen Jahren nichts beiseitelegen konnten. Selbst in den reichen USA hatten 2019 laut einer Studie der US-Notenbank fast 70% der Bürger nicht genug finanzielle Polster, um ungeplante Ausgaben oder Notfälle in Höhe von 1000 US-Dollar abzufedern. 47% der Menschen waren im Notfall nicht einmal im Stande, 400 Dollar für einen Arztbesuch oder eine Autoreparatur zu bezahlen.[19]

Damit stellt sich die Frage, wer am Ende für die Milliarden an staatlichen Krediten haften wird, die für

19 https://finanzmarktwelt.de/usa-sparkrise-in-einem-der-reichsten-laender-der-welt-151849/.

die Rettung des kapitalistischen Wirtschaftskreislaufs inklusive seiner Finanzsphäre aufgenommen werden. Denn wie in den vorangegangenen Kapiteln dargestellt, sind Kredite vorweggenommener Reichtum, der produziert werden muss, und zwar von der arbeitenden Bevölkerung zu möglichst niedrigen Löhnen. Selbst wenn man annimmt, dass ein Virus sich in jeder Gesellschaftsform verbreiten kann, muss man feststellen, dass eine kapitalistische Gesellschaft in einer solchen Krise mit besonderen Problemen konfrontiert ist, weil sie die Pandemie unter Berücksichtigung der Profitmaximierung bewältigen muss. Mit verheerenden Folgen.

Fazit

Hohe Profite, anständige Löhne, keine Krisen und Schutz der Umwelt – wer wäre nicht dafür? Auch Kapitalisten und Regierende hätten daran nichts auszusetzen. Doch die Quadratur des Kreises kann niemand liefern. Suggerieren tun das allerdings alle – jede und jeder mit einem anderen Rezept, alle zusammen in der Gewissheit, der Kapitalismus sei die einzige oder die beste Art und Weise, wie Produktion und Verteilung von Gütern organisiert werden können. Und wenn dann doch etwas nicht klappt, wenn die Profite doch nicht so hoch sind wie erwartet oder die Armut zu groß, wenn Börsenkurse abstürzen oder die Atmosphäre sich erhitzt, dann wird das damit erklärt, dass an irgendeiner Stelle im System etwas nicht richtig funktioniert hat. Reparaturen und Korrekturen sollen dann alles wieder zum Guten wenden.

Seit Jahren steht der Finanzsektor im Fokus der Aufmerksamkeit als der Ort, an dem einiges nicht richtig funktioniert haben soll. Seine Macht und Größe werden kritisiert, seine Konjunkturen gelten als Bedrohung für die Stabilität, seine Protagonisten werden wahlweise als Schmarotzer, Raubtiere oder Gangster beschimpft. Regulation und Gesetze sollen her, um die Sache wieder in Ordnung zu bringen. Gleichzeitig verabschiedet man sich aber nicht von der Idee, der Finanzsektor sei der große Ermöglicher und Kontrolleur des Geschehens in Wirtschaft und Politik. »Glaubt ihr etwa, Politik gegen die Finanzmärkte machen zu können?«, fragte Anfang des Jahrtausends der grüne Außenminister Joseph Fischer auf einem Gewerkschaftskongress (*Die Zeit* 18/2005). Als Kritik des Finanzsektors war das nicht gemeint, sondern als Aufforderung zur Unterwerfung.

Nun haben wir gezeigt, dass der Finanzsektor kein autonomer Akteur mit eigenen Zielen und eigener Logik ist. Nicht Börsianer und Banker allein, auch produzierende Unternehmen stehen unter dem Zwang zur Maximierung ihrer Profite. Diese Profite erzielen sie in Konkurrenz zueinander. Entscheidendes Mittel in dieser Konkurrenz ist die Verfügung über Kapital – und die liefert den Unternehmen der Finanzsektor. Indem er sich mit Eigen- und Fremdkapital am Geschäft der Realwirtschaft beteiligt, treibt er deren Wachstum voran und verschärft den Wettbewerb bis zur Krise.

Die Entgegensetzung »Gute Realwirtschaft – böse Finanzmärkte« greift also zu kurz. Es handelt sich um zwei Teile eines Ganzen, die sich gegenseitig bedingen. Der Zwang zur Profitmaximierung kommt nicht erst durch die Finanzmärkte in die Welt; sondern weil dieser Zwang ohnehin besteht, sind die produzierenden Unternehmen auf die Finanzmärkte angewiesen, um ihr Wachstum zu finanzieren. Dafür, dass dieses Wachstum erzielt wird, haften letztlich die Arbeitnehmer, indem sie mit relativ niedrigen Löhnen und großer Leistung die Güter produzieren, die die Gewinne abwerfen.

In den »Produkten« des Finanzsektors – Aktien, Anleihen, Derivaten und anderen »Ersparnissen« – liegt das für die Zukunft erwartete Wachstum der Realwirtschaft bereits aktuell vor. Die zwischen Anlegern gehandelten Wertpapiere stellen damit sowohl eine Spekulation wie auch einen Anspruch auf künftiges Wachstum dar. Die Spekulation auf Wachstum wiederum ist keine Besonderheit des Finanzsektors, sondern allgemeines Merkmal der kapitalistischen Produktionsweise. Anders gesagt: Nur *weil* kapitalistische Unternehmen in der Profitmaximierung ihren Zweck haben, kann ihr vorweggenommener Geschäftserfolg die Form von Wertpapieren annehmen. Wer seine Kritik an der Profitmaximierung, an Ausbeutung und Umweltzerstörung an den Finanzmärkten aufhängt, setzt daher zu spät an und nur an einem Teil des Ganzen.

Zwar spekulieren sowohl Realwirtschaft wie auch Finanzanleger auf künftige Erträge. An den Börsen entwickeln Wertpapiere jedoch ein gewisses Eigenleben. Dies kann zu sich selbst verstärkenden Kursbewegungen und damit zu Krisen führen. Doch sind auch diese Krisen keine Ergebnisse eines autonomen Finanzsektors. Er ist und bleibt abhängig von den Erfolgen der Realwirtschaft, auf die er spekuliert. Und ganz unabhängig von ihm produziert die Realwirtschaft ihre eigenen Krisen, die die Finanzmärkte nur vorwegnehmen oder nachvollziehen, wodurch sie als Verursacher von Abstürzen erscheinen.

Da die Konkurrenz um maximale Profite notwendig Gewinner, Verlierer und regelmäßige Abstürze in Realwirtschaft und an den Finanzmärkten produziert, greift eine Kritik zu kurz, die lediglich die Krisen moniert und an einer florierenden Kapitalakkumulation nichts auszusetzen hat. Beide – der Aufschwung wie der

Abschwung – folgen der gleichen Logik: Finanziert und produziert wird nur, was Aussicht auf Profit hat. Auch im Aufschwung stellen kapitalistische Unternehmen nur her, was sich für sie lohnt. Auch im Aufschwung werden nur Menschen eingestellt und Löhne gezahlt, die Profit produzieren. Auch im Aufschwung bleiben alle Bedürfnisse unbefriedigt, die nicht zahlungsfähig sind. Auch im Aufschwung dient die Umwelt als kostengünstige Schadstoffdeponie und Ressourcenquelle. Die Krise zeigt nur, wie unbedingt diese Logik gilt: Alles, was nicht dem Profit dient, geht unter.

Die Krise ist in der Regel die Stunde des Staates. Mit eigenem Geld – meist Schulden – rettet er Banken und Finanzanleger und hält den Kreditfluss aufrecht. Dies trägt ihm häufig die doppelte Kritik ein, vor der Krise habe er den Finanzmärkten zu viel Freiheit gelassen, anstatt sie streng zu regulieren, und in der Krise rette er die Spekulanten statt die Menschen. Beide Kritiken sind einerseits berechtigt. Andererseits verkennen sie das Verhältnis von Politik und Finanzmärkten. Der Staat ist nicht der natürliche Gegenspieler des Finanzsektors. Er ist sein Betreuer. Da er auf ein florierendes kapitalistisches Wachstum zielt, braucht er die Kapitalgeber – die aus dem Finanzsektor und die aus der Realwirtschaft.

Einerseits kann und will die Politik daher die eiserne Logik des Kapitals nicht durch staatliche Interventionen oder sonstige Verbesserungsmaßnahmen in Frage stellen. Andererseits kann sie aber die Verlaufsform dieser Logik beeinflussen. Der Staat kann etwa für eine gleichere Verteilung der Erträge sorgen, indem er etwa Gewerkschaften stärkt oder Reichtum besteuert. Er kann dem Finanzsektor Vorgaben machen, der Realwirtschaft Umweltauflagen erteilen oder die öffentliche Daseinsvorsorge – Stichwort »Gesundheit« – verbessern. All dies sind Ziele, für die es sich zu kämpfen lohnt und die auch nur durch Kämpfe gegen die Profitinteressen durchgesetzt werden können.

Doch solange der Staat seine ökonomische Basis nach den Gesetzen von Markt, Profit und Wachstum organisiert, solange muss er sich diesen Gesetzen auch beugen. All seine Eingriffe müssen sich daher stets an den Notwendigkeiten der Rendite messen lassen. Daher kann der Klimaschutz zwar gestärkt werden – nur dürfen die Kosten dafür nicht zu hoch sein und die Profitquellen nicht geschädigt werden. Daher kann Armut bekämpft und Reichtum umverteilt werden – nur muss dabei darauf geachtet werden, dass der Standort nicht an Attraktivität für Investoren verliert. Daher kann der Finanzsektor reguliert werden – nur darf dies nicht zu Kapitalflucht führen. Daher kann die Schaffung von gut bezahlten Jobs gefördert werden – aber die Lohnhöhe muss relativ niedrig bleiben, um den Arbeitgebern einen Profit zu bringen. Daher kann die Politik auf fairen Welthandel dringen – aber nur insoweit sie damit nicht die Bilanzen der Unternehmen durch hohe Importkosten schädigt.

Den »guten Kapitalismus« gibt es nicht, es gibt nur den existierenden. Armut, Arbeitslosigkeit, Ungleichheit, Arbeitsstress, Umweltverschmutzung – all dies sind notwendige und zwangsläufige Ergebnisse eines Systems, das der Vermehrung des Geldes alles unterwirft. Dieses System an sich allerdings ist weder zwangsläufig noch notwendig. Der Kapitalismus ist weder natur- noch gottgegeben. Bei den entsprechenden Machtverhältnissen kann er ersetzt werden zugunsten einer anderen – vielleicht weniger bornierten – Logik.